Expressions idiomatiques en français vivant.

Expressions idiomatiques en français vivant

Reine Gardaillac Kelly

late of the University of Southern California

HARCOURT BRACE JOVANOVICH, PUBLISHERS
San Diego New York Chicago Atlanta Washington, D.C.
London Sydney Toronto

Illustrations by Michèle Maldeau

© 1974 by Harcourt Brace Jovanovich, Inc.

ISBN: 0-15-526450-8

Library of Congress Catalog Card Number: 73-19411

Printed in the United States of America

Preface

However faithfully students may have retained the French grammar and vocabulary taught in their language and literature courses, their ability to handle the informal, living language usually remains limited. Learning to write formal French is one valuable accomplishment; learning to speak and write informally is another. Each one requires its own tools, particularly in French where levels of usage are stylistically quite different.

When it comes to carrying on a conversation or writing in fluent, everyday style—to a pen-pal, for example—students often feel that their French is rather stilted and colorless. Indeed, they are eager to express themselves as idiomatically in French as they can in English—for example, they would much rather use a picturesque idiom like "They are as like as two peas in a pod" than its lifeless equivalent "They resemble each other very closely." In contrast to the wealth of idioms they command in their own language, American students know a mere handful of French idioms. These have usually been gleaned here and there and are often misinterpreted or misused for lack of dependable information on precise idiomatic usage.

Overhearing a conversation between French speakers can be a frustrating experience for non-natives. A graduate French major once reported having heard half a dozen idioms he failed to understand in a three-minute conversation I had with a French colleague. The puzzled student remarked that several years of residence in France were more a utopian than a practical solution to the problem of learning idioms, and he asked us if we knew of any manuals on the subject. We could find no book to recommend to him or to the many other students who hope to find some practical aid to help them hold their own in conversation and in written composition.

This book, then, is not only a reference book comparable to a dictionary; it is also a practical manual. Its purpose is to familiarize the speaker of English with over a thousand idiomatic expressions commonly used in France today. These are not basic idioms like *avoir l'intention de* or *avoir faim* which appear in most elementary textbooks; they are usually longer phrases, colorful, vivid, or humorous, rich in meaning in that they reflect a great deal of the culture, the way of thinking, the genuine disposition of the French people.

During a recent stay in France I compiled a large collection of such idioms working with several collaborators and drawing on up-to-date, authoritative dictionaries. From these thousands of idioms, the ones included in this book were selected for their high frequency of occurrence and their widespread use across regional and social dialects. All are well established— that is, they are unlikely to fall into disuse in the foreseeable future.

The book is intended to serve the needs of Americans who wish to learn idiomatic French. Users of the book will notice, as the title *Expressions idiomatiques* suggests, that not all the idioms included are *locutions* in the French sense of the word. *Mettre la charrue devant les bœufs,* "put the cart before the horse", a fixed phrase with a lexical meaning of its own as a unit, is an example of a *locution* for the native Frenchman. The same cannot be said, for instance, of *tomber en panne d'essence.* However, useful common phrases such as this are included under each topic because of the difficulty of expressing in idiomatic French the English equivalent phrase "run out of gas".

The idioms presented here are arranged for the convenience of the reader under fifteen different topics—portraits of people, school life, and health, to name a few. Students preparing to discuss a particular topic in a conversation class or sitting down to write a composition or a letter may peruse one or more chapters and choose idioms they can use for a given assignment. Other students may prefer to learn the idioms page by page, systematically building a stock of idioms they can then comprehend in context and use as the occasion arises. Still others may be interested in examining the book for the sake of seeing what the whole idiomatic picture looks like in French and how it compares with English. I hope that the use of the book will add more life to the study of the French language.

Under each topic, the right-hand page presents sentences containing idioms that are related to that topic; the left-hand page lists the idioms in the order of their appearance in the sentences. The listing, with a few exceptions necessary to avoid awkwardness, presents the complete construction in the form of a dictionary entry. Each idiom, unless self-evident, is accompanied by a French explanation and occasionally, to clarify the basic meaning, by a literal translation. In general, however, I have refrained from translating systematically the French idiom into English unless an equivalent American idiom could be found. Sometimes these equivalents appear in the capsulized form of English compounds rather than phrases. Given the absence of a one-to-one correspondence between French idioms and American idioms, the equivalents are often of necessity more approximate than exact; on occasion, when even the closest equivalent seemed to be inadequate or gross, no equivalent appears at all. Since most of the bilingual dictionaries available to Americans often give old-fashioned or otherwise unsatisfactory equivalents to French idioms, I have relied on the opinions and suggestions of several native Americans who kindly served as informants. In so doing I discovered marked dialectal differences in the form of American idioms. Depending upon the part of the country that they come from, readers may therefore have to make some adjustments when they find unfamiliar idioms. The illustrative examples on the right-hand page usually include several idioms. The necessity for an end-vocabulary was obviated by phrasing the sentences simply to begin with and by glossing in the margin words followed by °. These glosses may seem overabundant to fairly advanced students, but they are intended to satisfy the reader's curiosity and display the literal meanings of the idioms in addition to the figurative ones. Little if any recourse to a dictionary should be necessary.

The book can therefore be used as early as the end of the first year of college or the fourth year of high school, especially if students have already begun to try their hand at writing compositions. It of course lends itself to enriching conversation in any class where emphasis is placed on oral expression. It can also be profitable as a reference manual for more advanced classes in composition and for learners outside the classroom.

Various exercises and composition or conversation topics appear at the end of each chapter. They are intended to reinforce memorization of the exact wording of the idioms and to give opportunities to practice using them in context. Students are encouraged to refer frequently to the left-hand pages of the chapter, whenever they are in doubt about the form or the meaning of an idiom. Sample chapters of the book, including the exercises, have been tested in class at the intermediate, advanced, and graduate levels. In order to facilitate reference to individual idioms in the body of the book, a comprehensive French index, using a maximum of key-words for entries, appears at the end.

A final note on levels of usage. French as well as English usage labels appearing with the idioms were taken from the latest dictionaries. The book does not include slang or expressions regarded as *populaires* and improper. The idioms presented either have gained acceptance at all levels—in *la langue écrite* as well as *la langue parlée*—or they pertain to *la langue familière*. The former, in general use, fit all occasions; the latter bear the label "fam." both in the lists and in the examples. Students may use these according to the instructor's directions or at their own discretion. As is probably well known, the word *familier*—along with the idioms so labeled—carries for some people a vague flavor of vulgarity or semi-literacy, which might suggest that French colloquialisms are not worthy of study in our colleges. And yet the fact remains that usage has changed rapidly in recent years and that idioms now classified as *familiers* are used freely by many good writers and by gifted speakers even on formal occasions.

I owe a debt of gratitude to my French collaborators, who helped compile the initial data and shared their invaluable experience in observing current usage, to my American informants, and to several personal friends who assisted me graciously in various ways and made this book possible.

Reine Cardaillac Kelly

PUBLISHER'S NOTE

Professor Kelly died before the publication of her book, after she had corrected the galley proofs. A former student of hers, Miss Maureen Costello, who worked closely with her throughout the preparation of the manuscript, has read and corrected the final stages of proof with scrupulous attention. The publisher gratefully acknowledges Miss Costello's contributions.

Contents

Expressions idiomatiques en français vivant

29 être haut comme trois pommes

1. **avoir le menton en galoche**: avoir le menton recourbé en avant *have a pointed, turned-up chin*
2. **avoir le nez camus**: avoir le nez aplati et court *be flat-nosed*
3. **avoir le crâne déplumé** (fam.): avoir la tête presque dépourvue de cheveux; être chauve *have a head as smooth as a billiard ball*
4. **être vilain comme un singe** (fam.) (se dit des hommes): être très vilain, laid *be homely enough to stop a clock*
5. Cf.* **être laid comme un péché** *be as ugly as sin*
6. **Il (elle) a tout pour lui (elle)**: La nature l'a avantagé *He (she) has everything going for him (her)*
7. **avoir un profil de médaille**: avoir un profil d'une beauté classique *have a classic profile*
8. **être taillé en hercule**: être puissamment bâti, comme Hercule *be built like Charles Atlas*
9. **avoir une santé de fer**: être toujours en bonne santé *have an iron constitution*
10. **être la coqueluche du quartier** (fam.): être aimé, admiré des gens du voisinage *be the darling of the neighborhood* Aussi, **être la coqueluche de la ville, la coqueluche des femmes**
11. **être à l'âge ingrat**: être au début de l'adolescence *be at the awkward age*
12. **Il a une voix de fausset**: Il a une voix très aiguë *His voice is changing*
13. **avoir l'air d'un chien battu** (fam.) *look like a whipped dog; have a hang-dog look*
14. **être au bout de son rouleau** (fam.): être près de mourir *be on one's last legs*
15. **être sourd comme un pot** (fam.): être extrêmement dur d'oreille *be as deaf as a post*
16. **être maigre à faire peur** *be as thin as a rail*
17. **avoir un pied dans la tombe** *have one foot in the grave*
18. **avoir l'air guilleret**: avoir l'air vif, gai, réjoui *look as sprightly as ever*
19. **être d'un âge avancé** *be advanced in years; be getting on in years*

* The notation Cf. before a French idiom indicates that the expression is comparable in meaning to the preceding French idiom. These additional idioms do not appear in the illustrative sentences, but they are included in the index.

1 L'Aspect physique

Portraits d'hommes et de femmes

Notre voisin n'a pas de chance: **le menton en galoche°**, **le nez camus, le crâne déplumé°** (fam.), il **est vilain comme un singe°** (fam.).

Son frère, en revanche°, **a tout pour lui: un profil de médaille, taillé en hercule, une santé de fer,** il **est la coqueluche° du quartier** (fam.). Il est vrai qu'ils ne sont pas du même père!

Jacques? Un gringalet° [1] encore **à l'âge ingrat,** avec **une voix de fausset°** et **l'air d'un chien battu** (fam.).

Le grand-père semble **être au bout de son rouleau°** (fam.); **sourd comme un pot** (fam.), **maigre à faire peur,** il a déjà **un pied dans la tombe.**

J'ai aperçu notre vieux professeur: à première vue, il **a encore l'air guilleret,** malgré° son **âge avancé.**

wooden shoe with turned-up point
lit. *plucked off*
monkey
on the contrary
lit. *whooping cough*

whippersnapper
falsetto

roll

despite

[1] Gringalet était un acteur et un clown du 17ème siècle.

3

20. **avoir les cheveux poivre et sel**: avoir les cheveux blanc et noir *have salt-and-pepper hair*

21. **avoir le crâne lisse comme un œuf** (fam.): être sans cheveux; être chauve *be as bald as an egg*

22. **avoir une face de carême** (fam.): avoir un visage très pâle et austère *look like an undertaker*

23. **avoir un visage taillé à coups de serpe** *have a face chiseled from stone*

24. **être (ou avoir) une tête à claques** (fam.): être une personne désagréable, au visage déplaisant *have a face you'd like to punch* (informal)

25. **n'avoir que la peau et les os**: être très maigre *be nothing but skin and bones*

26. **se porter comme un charme**: être en excellente santé *be in the pink of condition*

27. **être rond comme une boule**: être gros et petit *be a roly-poly, a butterball*

28. **être mignon (fem. mignonne) à croquer** *be as cute as a bug's ear*

29. **être haut comme trois pommes** *be knee-high to a grasshopper* (informal)

30. **avoir le nez en trompette** (fam.): avoir le nez relevé *be pug-nosed; have a turned-up nose*

31. **avoir (toujours) le sourire aux lèvres**: être toujours prêt à sourire *(always) have a smile on one's face*

32. **avoir bon genre**: avoir des manières distinguées *have style*

33. **un beau brin de fille** (fam.): une fille grande et bien faite

34. **avoir du chic**: avoir de l'élégance *be a good dresser*

35. **avoir de la classe**: être distingué; avoir de la distinction *have an air of distinction*

36. **avoir un air de sainte nitouche** (se dit surtout des femmes): paraître innocente pour dissimuler ses défauts *Butter would not melt in her mouth*

37. **On lui donnerait le bon Dieu sans confession**: Il (elle) a un air très sage, qui contraste avec sa conduite *He (she) is too good to be true*

38. **être faux (fem. fausse) comme un jeton**: être une personne hypocrite en qui on ne peut pas avoir confiance *be phony as a three-dollar bill* (informal)

39. **un je ne sais quoi**: quelque chose d'indéfinissable *a vague something*

40. **avoir un air bon vivant**: avoir l'air joyeux; être toujours de bonne humeur

41. **avoir un visage de madone**: être d'une beauté pure *have the face of an angel*

42. **fait au moule** (se dit du corps ou des parties du corps): parfaitement bien fait

43. **une personne racée**: une personne qui a de la distinction, de la finesse morale et physique *a person of breeding*

44. **faire de l'effet**: attirer l'attention *attract attention*

45. **n'être pas mal** *be rather good-looking*

46. **Cf. être bien** *be attractive and ladylike* (or *gentlemanly*)

47. **chercher à paraître**: aimer à se faire remarquer *show off* (one's physical appearance)

Mon frère se moque de mon mari parce qu'il **a les cheveux poivre et sel**, lui qui **a le crâne lisse°** comme un œuf (fam.)!   *smooth*

Avec sa **face de carême°** (fam.), son **visage taillé à coups de serpe°**, Henri est **une** vraie **tête à claques°** (fam.).   *Lent / pruning hook / slaps*

Georges, qui **n'a que la peau et les os°**, **se porte comme un charme**. Pierre, **rond comme une boule**, est toujours malade.   *bones*

Vous ne connaissez pas ma petite fille. Elle **est mignonne à croquer°**, **haute comme trois pommes**, **le nez en trompette** (fam.), des **taches de rousseur°**. Et elle **a toujours le sourire aux lèvres°**.   *bite into / freckles / lips*

La fiancée de Paul **a très bon genre**; de plus, c'est **un beau brin° de fille** (fam.).   *lit. sprig*

Moi, j'aime bien Henriette; malgré un air timide et des manières un peu **gauches°**, elle **a du chic** et une certaine **classe**.   *awkward*

Avec son **air de sainte nitouche**,[2] **on lui donnerait le bon Dieu sans confession**,[3] mais ne vous **fiez** pas **à°** Line; elle **est fausse comme un jeton°**.   *se fier à trust / slug*

Jacqueline a **un je ne sais quoi** qui plaît, peut-être son **air bon vivant** et le fait qu'elle ne **se néglige°** jamais.   *se négliger neglect oneself*

Cette jeune fille est adorable; elle **a un visage de madone** et un **corps° fait au moule°**.   *body / mold*

Ma mère était **une personne racée**, grande, distinguée, évoluant toujours avec une élégance naturelle.

Cette femme **fait de l'effet** indiscutablement; elle **n'est pas mal**, **certes°**, mais elle **cherche** trop **à paraître**.   *of course*

---

[2] Expression formée plaisamment de **sainte** et de **n'y touche (pas)**.
[3] Allusion au sacrement de la communion normalement précédé de la confession.

48. **être blond comme les blés**: être d'un beau blond naturel *be a golden blond*

49. **avoir un teint de pêche** *have a peaches-and-cream complexion*

50. **avoir une peau de velours** *have velvety skin*

51. **se faire une beauté** (se dit des femmes): se préparer pour être belle *deck oneself out*

52. **subir l'outrage des ans** (poét). *suffer the ravages of time*

53. **être le portrait vivant de quelqu'un**: lui ressembler beaucoup *be the living image of someone*

54. **se ressembler comme deux gouttes d'eau** *be as like as two peas in a pod*

55. **faire vieux**: avoir l'air vieux; paraître vieux *look old*

56. **à un certain âge**: quand on approche de la vieillesse

57. Cf. **une personne d'un certain âge** *an elderly person*

58. **couci-couça** (fam.): comme ci, comme ça *so-so*

59. **avoir bon pied, bon œil** *be of sound mind and body*

60. **Le poids des ans se fait sentir**: Les effets de la vieillesse apparaissent *Old age is creeping in, coming on*

61. **être à la fleur de l'âge** *be in the prime of life*

62. **être en forme** (fam.): être en excellente condition physique *be in fine shape*

63. **friser la catastrophe**: passer très près d'une catastrophe *come within a hair of disaster*

64. **avoir la chair de poule** *have goose pimples, goose flesh*

Mademoiselle Legrand? **Blonde comme les blés°, un teint de pêche, une peau de velours**, on dirait une actrice de cinéma.   *wheat*

Il est difficile de **se faire une beauté** quand on a **subi° l'outrage des ans** (poét.).   *subir undergo*

La fille des Capdevielle **est le portrait vivant** de son père; quant aux deux garçons, ils tiennent de° leur mère et ils **se ressemblent comme deux gouttes° d'eau**.   *tenir de take after*   *drops*

On peut **faire vieux** tout en étant jeune et faire jeune même à **un certain âge**.

Comment allez-vous? — **Couci-couça** (fam.); j'ai **bon pied, bon œil**, mais **le poids° des ans se fait sentir**.   *weight*
A la fleur de l'âge on **est** presque toujours **en forme** (fam.).

Dans cet accident nous avons **frisé la catastrophe**; j'en ai encore **la chair° de poule°**.   *flesh / hen*

Exercices

1 Complétez les phrases suivantes, selon le sens, en employant les locutions qui figurent dans la colonne de droite. Mettez chaque locution donnée à l'infinitif à la forme qui convient.

MODÈLE: 1. Mon neveu Georges est un solide gaillard; la maladie n'a pas de prise sur lui: il **a une santé de fer.**

2. Geneviève a dix-huit ans, le teint frais, l'air toujours souriant; on a envie de l'embrasser. Elle _____.
3. Pourtant on ne peut pas dire qu'elle cherche à _____ _____ car elle n'est ni élégante ni prétentieuse.
4. Quand on interroge une personne pour lui demander des nouvelles de sa santé et que celle-ci n'est ni bonne ni mauvaise, elle répond: _____.
5. L'oncle David a une santé robuste, malgré que son travail le fatigue beaucoup; il _____.
6. Hier soir il faisait un vent glacial. Mon mari et moi étions frigorifiés en rentrant du théâtre; nous _____.

a) avoir de la classe
b) être rond comme une boule
c) avoir une santé de fer
d) avoir la chair de poule
e) se porter comme un charme
f) faire de l'effet
g) être mignon à croquer

7. Mon cousin Jean est un superbe garçon de vingt ans. Toutes les filles sont folles de lui; il _____.

8. Il ne ressemble pas à son père. Celui-ci a une figure longue et triste, le teint pâle, l'air toujours soucieux; il _____ _____.

9. Avez-vous vu mon grand-père ces derniers temps? Il est toujours souriant, gai, et jamais malade; il_____ _____.

10. La belle Sylvie continue à avoir beaucoup de succès. Les hommes lui trouvent de l'élégance, de l'esprit, de la distinction; elle _____.

11. J'ai rendu visite à notre ancien professeur. Il a bien vieilli, le pauvre homme! Il parle et il marche très difficilement; il m'a paru _____.

12. Sa femme devient de plus en plus grosse, et elle n'était pas grande, si vous vous souvenez. Maintenant elle _____ _____.

h) avoir une face de carême
i) être au bout de son rouleau
j) être en forme
k) être la coqueluche du quartier
l) couci-couça

2 Complétez chaque phrase en donnant la forme correcte de la locution idiomatique suggérée.

1. Albert a beaucoup vieilli en quelques années; il a la figure ridée et *les cheveux* _____ _____.

2. Tu te souviens, il avait une santé florissante et une nette tendance à grossir; maintenant il *est maigre* _____.

3. Je ne le reconnaissais pas tant il a changé! De beau garçon il est devenu *vilain comme* _____ _____. (fam.)

4. Paulette s'habille de façon à se faire remarquer. Elle *cherche à* _____.

5. Il a une fiancée ravissante, grande, brune, sportive: *un beau* _____.

6. Elle a une sœur du même âge avec laquelle on la confond parfois; elles *se ressemblent comme* _____. (fam.)

7. C'est beau, la jeunesse! Mais le temps passe vite et finalement *le poids des ans se* _____ _____.

8. Je n'ai pas à me plaindre en ce qui me concerne; malgré mes soixante ans, j'ai encore *bon pied* _____.

9. Evidemment, je ne suis plus comme à vingt ans. On ne peut pas rester toujours *à la fleur* _____.

10. Simone est très gracieuse. Il est rare de la voir sans *le sourire* _____.

3 Répondez à chaque question par une phrase qui contiendra une locution idiomatique; notez «fam.» si la locution employée est familière.

MODÈLE: Que dit-on de quelqu'un qui entend très mal?
Il est sourd comme un pot. (fam.)

Que dit-on de quelqu'un qui
1. est sur le point de mourir ?
2. n'a pas de cheveux sur la tête ?
3. est tout petit ?
4. est très maigre ?
5. n'inspire aucune confiance ?
6. a de beaux cheveux dorés ?
7. a beaucoup changé en vieillissant ?
8. se prépare en se regardant dans un miroir ?
9. est passé très près d'un grave accident ?
10. est très fort avec des épaules très larges ?

4 Traduisez en employant une locution idiomatique dans chaque phrase. (Notez que la mention «fam.» indique que la locution demandée appartient au style familier.)

1. Don't you think that Paul has everything going for him ?
2. He is the living image of his father.
3. He is tall and pleasant and has a classic profile.
4. His younger brother is at the awkward age.
5. The poor boy has a hang-dog look. (fam.)
6. Joan seems very nice, but she is too good to be true.
7. She is very fond of beautiful clothes; she is a good dresser.
8. Our new friend is rather good-looking.
9. I like his company; he is a person of breeding.
10. Don't say that that old lady is ugly as sin !

5 Sujets de composition ou de conversation : Développez les sujets suivants comme devoir écrit ou exposé oral. Choisissez des locutions idiomatiques qui se rapportent au sujet et employez-les à propos. (Le professeur précisera si les locutions familières sont autorisées ou non.)

1. Comment, à votre avis, doit être la femme idéale physiquement ? Décrivez-la.
2. Vous connaissez deux frères qui sont très différents l'un de l'autre. Faites leur portrait.
3. Votre grand-père est âgé mais encore alerte. Essayez de donner ces deux impressions.
4. Comment souhaiteriez-vous être physiquement ?
5. Vous avez sûrement vu la même personne à dix ans d'intervalle ou plus. Notez les principales différences que vous avez remarquées.

56 *chercher du poil aux œufs*

1. **être facile à vivre**: avoir un caractère souple, qui facilite la vie avec d'autres personnes *be easy to live with*
2. **n'en faire qu'à sa tête**: n'écouter personne; être obstiné *have a mind of one's own*
3. **un homme à poigne**: un homme qui a de l'énergie et qui sait se faire obéir *a man with an iron hand*
4. **ne pas y aller de main morte**: ici, agir ou parler avec brutalité ou avec violence *let someone have it* (colloq.); *tear someone's head off* (colloq.) lit. *not go at it with a dead hand*
5. **mentir comme un arracheur de dents**: dire des choses fausses avec impudence, avec témérité *lie like a trooper* (colloq.) lit. *lie like a tooth puller*
6. **Cf. mentir comme on respire**: mentir continuellement lit. *lie as one breathes*
7. **faire prendre à quelqu'un des vessies pour des lanternes** (fam.): lui faire croire des choses ridicules; l'induire en erreur *give someone a cock-and-bull-story*
8. **se moquer du tiers comme du quart**: être indifférent à tout, à l'opinion de tout le monde *not care a rap for anything*
9. **en prendre à son aise**: ici, agir comme il vous plaît, sans autre considération *do as one pleases* cf.* *He can't be bothered*

---

* The notation cf. before an American idiom indicates that the expression is comparable to the French idiom but is an approximate rather than a direct equivalent.

2 Le Portrait moral

Caractère Qualités Défauts

Mon père **est facile à vivre**, à condition, évidemment, de ne pas le contrarier°, car il **n'en fait qu'à sa tête**.

provoke

Le directeur de l'Institut est **un homme à poigne°**; quand il se fâche, il **n'y va pas de main morte**.

lit. *grip*

Cet individu **ment comme un arracheur de dents;**[1] si vous l'écoutiez, il vous **ferait prendre des vessies pour des lanternes** (fam.).[2]

En somme, tu **te moques du tiers comme du quart;**[3] il est impardonnable d'**en prendre à son aise** à ce point.

---

[1] Autrefois, des charlatans arrachaient les dents sur les places publiques; ils faisaient une grande publicité pour persuader les gens que l'opération se passerait sans souffrance.
[2] En anatomie, la vessie est le sac qui contient l'urine. Autrefois on utilisait à certains usages des vessies d'animaux pour faire des sacs que l'on gonflait d'air. Une vessie ressemble à une lanterne, mais elle ne peut pas servir de lampe!
[3] Dans la vieille langue, **le tiers** et **le quart** signifiaient «le troisième» et «le quatrième» (par exemple, *Le Tiers Livre* de Rabelais). Une troisième personne (ou chose), de même qu'une quatrième, sont ici considérées sans importance.

10. **un ours mal léché** (fam.): un homme aux manières brusques, comparable à un sauvage *a boorish man* lit. *an unlicked cub*

11. **avoir un cœur d'or**: avoir extrêmement bon cœur *have a heart of gold*

12. **gagner (beaucoup) à être connu**: avoir de grandes qualités que les autres découvrent après un certain temps *improve through acquaintance*

13. **(agir) à tort et à travers**: inconsidérément *haphazardly*

14. **changer d'idée comme de chemise** (fam.): changer très souvent d'idée *change one's mind every time one turns around*

15. **avoir la mémoire courte** *have a short memory*

16. **faire une crasse à quelqu'un** (fam.): lui faire une méchanceté, quelque chose d'hostile *do someone dirt* (colloq.)

17. **garder à quelqu'un un chien de sa chienne**: lui préparer une vengeance pour plus tard *nurse (hold) a grudge against someone* lit. *save for someone a pup from one's mother dog*

18. **faire bon marché de quelque chose**: lui accorder très peu de valeur *set little store by something*; *make little of something*

19. **se tenir à carreau** (fam.): faire attention à ne pas commettre la moindre faute *be on the alert*; *keep one's eyes open*

20. **casser du sucre sur le dos de quelqu'un** (fam.): dire du mal de lui *run someone down* lit. *break sugar on someone's back*

21. **être (un) casse-pieds** (très fam.): être une personne ou une chose exaspérante, insupportable *be a pain in the neck* (colloq.)

22. **avoir quelque chose sur la conscience** *have something on one's conscience*

23. **ne pas être un mauvais diable** (fam.): être un homme agréable, qui n'est pas méchant *not be a bad fellow*

24. **semer la discorde**: causer la désunion *make trouble*; *sow the seeds of discord*

25. **un oiseau de mauvais augure** *a bird of ill omen*

26. **ne pas y aller par quatre chemins**: parler, ou agir, sans détours *not beat around the bush*

27. **faire la sourde oreille (à quelqu'un)**: agir comme si l'on n'entendait pas *turn a deaf ear (to someone)*

28. **un triste personnage** (fam.): un individu peu recommandable *a sorry specimen (of humanity)*

29. **un homme de sac et de corde**: un bandit, qui mérite de grands châtiments *a scoundrel*

30. **vendre son âme au diable** *sell one's soul to the devil*

31. **une fine mouche**: une personne ingénieuse, pas du tout naïve *a sharp operator, slick customer, sly minx*

32. **être d'un commerce agréable**: se comporter de façon à rendre les relations sociales faciles *be pleasant to deal with*

33. **faire des cachotteries**: garder secrètes toutes sortes de petites choses sans importance *make secrets out of everything*

34. **n'avoir aucune (ou ne pas avoir de) suite dans les idées**: ne pas être capable de continuité dans ses idées ou ses projets *be as changeable as the weather*

35. **être comme l'oiseau sur la branche**: être dans une situation instable; ici, n'avoir aucun plan précis; être très libre *be foot-loose*

Sous des apparences d'**ours° mal léché** (fam.), M. Dubois **a un cœur d'or.** Croyez-moi, c'est un homme qui **gagne beaucoup à être connu.**   *bear*

Ce n'est pas surprenant que ma fille **agisse° à tort et à travers** dans son travail, elle **change d'idée comme de chemise** (fam.).   **agir** *act*

Jacques n'a pas **la mémoire courte**: si vous lui **faites une crasse** (fam.), vous pouvez être sûr qu'il vous **gardera un chien de sa chienne.**

Méfiez-vous de° ces gens-là. Ils **font bon marché** des opinions de leurs employés; avec eux, il vaut mieux **se tenir à carreau** (fam.).[4]   **se méfier de** *be wary of*

D'ordinaire, je n'aime pas **casser du sucre sur le dos°** (fam.) des voisins, mais si vous connaissiez les miens! Ce **sont** de vrais **casse-pieds** (très fam.).   *back*

On dirait toujours que cet homme **a quelque chose sur la conscience,** mais il a la réputation de **ne pas être un mauvais diable°** (fam.).   *devil*

Il y a des personnes qui aiment **semer la discorde**, n'envisager que les **contretemps°**; ce sont des **oiseaux de mauvais augure.**   *mishaps*

Parlez-lui énergiquement, sans y **aller par quatre chemins,** et vous verrez qu'il cessera de **faire la sourde° oreille°.**   *deaf / ear*

Sylvain Ducourneau est **un triste personnage** (fam.), **un homme de sac et de corde°,** à croire qu'il a **vendu son âme au diable.**   *rope*

Anne-Marie est **une fine mouche°, d'un commerce° agréable,** mais on se demande pourquoi diable elle **fait** toujours **des cachotteries.**   lit. *fly / relationship*

Ma camarade de chambre **n'a aucune suite dans les idées:** aujourd'hui blanc, demain noir, elle **est** toujours **comme l'oiseau sur la branche.**

---

[4] Locution tirée du proverbe: «Qui se garde à carreau n'est jamais capot» (He who saves diamonds never loses all the tricks), employé dans des jeux de cartes.

36. **un bon** (fem. **une bonne**) **à rien** *a good-for-nothing*
37. **épater la galerie** (fam.): agir de façon spectaculaire pour causer la surprise et l'admiration du public *play to the gallery*; *make a grandstand play*
38. **prendre de grands airs**: user de manières hautaines *put on airs*; *give oneself airs*
39. **avoir un air** (ou **être**) **mi-figue, mi-raisin** (fam.): prendre un ton, ou une attitude, ambigu, ni exactement sérieux, ni plaisant *act half in jest, half in earnest*
40. **être un pince-sans-rire**: faire des plaisanteries en gardant son sérieux *keep a straight face*
41. **Chacun a sa marotte** (fam.): Chaque personne a sa manie, c'est-à-dire sa particularité individuelle *Everyone has his idiosyncrasy, his quirks*
42. **aimer se faire tirer l'oreille** (fam.): préférer de longues sollicitations avant d'accepter *like to have one's arm twisted* lit. *like to have one's ear pulled*
43. Cf. **aimer se faire prier** *like to be coaxed*
44. **être** (ou **s'emporter comme une**) **soupe au lait** (fam.): être sujet à de brusques colères *fly off the handle* (colloq.); *flare up*
45. **tenir tête à quelqu'un**: résister, s'opposer à sa volonté *stand up to someone*
46. **se fâcher tout rouge**: avoir un violent accès de colère *fly into a rage*
47. **ne pas être né d'hier** *not be born yesterday*
48. **avoir une idée qui vous trotte dans la cervelle** (ou **dans la tête**) (fam.): avoir une idée qui ne cesse pas d'être présente à l'esprit *have an idea running through your head*
49. **ne pas se fier aux apparences**: ne pas juger sur les apparences *not go by appearances*
50. **avoir un air bon enfant**: donner l'impression d'un caractère facile, accommodant *be (seem) good-natured*
51. **un mauvais coucheur** (fam.): un homme qui n'est pas très sociable, qui cherche querelle aux autres *a quarrelsome fellow*
52. **attirer la sympathie**: provoquer des sentiments amicaux par une personnalité plaisante *have an appealing personality*
53. **se tenir sur ses gardes** *be on one's guard*
54. **ne reculer devant rien**: ne pas se laisser arrêter par les difficultés ou les scrupules *not let anything stand in one's way*; *not back down for anything* (colloq.)
55. **avoir des nerfs d'acier**: avoir des nerfs d'une résistance extraordinaire *have nerves of steel*
56. **chercher du poil aux œufs** (fam.): accorder une attention irritante à de petits détails parfois imaginaires *nit-pick* (informal) lit. *look for hair on egg shells*
57. **prendre le mors aux dents**: se laisser aller à la colère *take the bit between one's teeth*
58. **mettre quelqu'un en boule** (fam.): le faire mettre en colère *get someone's dander up* (colloq.); *get someone riled up* (colloq.)
59. **faire avaler des couleuvres à quelqu'un**: ici, lui faire croire toutes sortes de choses *sell someone the Brooklyn Bridge* lit. *make someone swallow snakes*
60. **se dévouer corps et âme** (**pour quelqu'un**): diriger sans réserve tous ses efforts (en faveur de quelqu'un) *devote one's life (to someone)*
61. **faire de la peine à quelqu'un**: lui causer du chagrin; heurter ses sentiments *hurt someone's feelings*

Il n'y a pas plus antipathique° qu'**un bon à rien** qui cherche les occasions d'**épater**° **la galerie** (fam.) en **prenant de grands airs**.

unpleasant
impress, amaze

Avec **son air mi-figue, mi-raisin** (fam.),[5] on ne sait jamais si Paul parle sérieusement ou non; et **c'est** un vrai **pince**°-**sans-rire** quand il raconte une histoire.

pincer *pinch*

Chacun a sa marotte (fam.); celle de ma femme, c'est de ne pas dire oui tout de suite: elle **aime se faire tirer l'oreille** (fam.).

Notre fille aînée° **est** très **soupe au lait** (fam.);[6] si on lui **tient tête**, elle **se fâche tout rouge**, sauf avec son père.
Elle **n'est pas née d'hier**, vous savez; elle **a** toujours **une idée qui lui trotte dans la cervelle** (fam.).

elder

Ne vous fiez pas aux° **apparences**; j'ai entendu dire que sous **son air bon enfant**, ce vieux bonhomme° est **un mauvais coucheur** (fam.).

se fier à *trust*
fellow

Louis a une nature méfiante° qui n'**attire** pas **la sympathie**°; même avec ses amis, il **se tient sur ses gardes**.

distrustful /
friendship

Jean **ne recule devant rien**; aucune difficulté, aucune émotion ne l'abat. Il faut dire aussi qu'il **a des nerfs d'acier**.

Avec sa manie de **chercher du poil aux œufs** (fam.), il me fait **prendre le mors aux dents** à chaque discussion.

Ton frère me **met souvent en boule**° (fam.) par sa naïveté; il croit tout ce qu'on lui dit, on lui **ferait avaler des couleuvres**.

ball

Leur mère s'**est dévouée corps et âme**° pour ses deux enfants; ils le savent et se garderaient bien de lui **faire de la peine**°.

soul
grief

---

[5] Cette expression a aujourd'hui un sens figuré. A l'origine, elle faisait allusion au commerce entre Corinthe et Venise: les marchands, peu honnêtes, vendaient pour l'exportation des raisins secs avec lesquels ils avaient aussi mis des figues.
[6] Quand on met du lait à chauffer, tout d'un coup, il monte et passe par-dessus.

62. **ne pas tenir en place**: ne pas rester en place; bouger continuellement *be fidgety*; *not be able to stay put*

63. **en faire voir à quelqu'un de toutes les couleurs** (fam.): lui jouer toutes sortes de mauvais tours; le tourmenter par une conduite turbulente *drive someone up the wall* (colloq.)

64. **avoir des sautes d'humeur**: être capricieux; être sujet à de brusques changements dans son tempérament *blow hot and cold*; *be flighty*

65. **faire mourir quelqu'un à petit feu**: le tourmenter lentement et cruellement *kill someone by inches*

66. **être attaché à ses habitudes** *be set in one's ways*

67. **être réglé comme une horloge**: avoir des habitudes très régulières *be as regular as the clock*

68. **se noyer dans un verre d'eau**: être incapable de résoudre les plus petites difficultés *be as helpless as a baby*

69. **Ça rentre par une oreille et sort par l'autre**: Ça ne reste pas dans l'esprit *It goes in one ear and out the other*

70. **couper les cheveux en quatre** *split hairs*

71. **prendre quelque chose** (ou **tout**) **pour argent comptant** (fam.): croire à coup sûr quelque chose qui est sans doute faux *take something* (or *everything*) *for gospel truth*

72. **devenir** (ou **être**) **marteau** (très fam.): devenir fou *go out of one's mind*

73. **être sur des charbons ardents** (fam.): être extrêmement impatient ou anxieux *be on pins and needles*

74. **se corriger de ses défauts** *correct one's faults*

75. **se rendre maître de ses passions**: dominer, maîtriser ses passions *control one's emotions*

76. **se replier sur soi-même**: se renfermer en soi-même pour s'isoler du monde *go into one's shell*

77. **froisser son entourage**: offenser moralement les gens avec lesquels on vit

78. **avoir un caractère** (ou **être**) **tout d'une pièce**: avoir un caractère très net, sans détour *have a clear-cut personality*

79. **savoir à quoi s'en tenir**: ici, connaître exactement la conduite à suivre *know where one stands*; *know how to behave*

80. **se mettre en quatre (pour)**: user de tous ses moyens; faire tous ses efforts (pour faire quelque chose) *go out of one's way (to)*

81. **à la vie, à la mort**: éternellement *for ever and ever*

82. **avoir le sang chaud**: être impulsif, irascible *be quick-tempered*

83. **monter sur ses grands chevaux** (fam.): se mettre en colère et parler avec dédain *be (get) on one's high horse*

84. **avoir le cœur sur la main**: avoir très bon cœur; être très généreux *be good-hearted, free-handed*

85. **être (une) poule mouillée** (se dit des hommes et des femmes): être poltron; avoir peur de choses insignifiantes *be chicken-hearted* lit. *be a wet hen*

86. **avoir peur de son ombre** *be afraid of one's own shadow*

Mon plus jeune fils **ne tient pas en place**; il crie, il pleure, il casse, il m'**en fait voir de toutes les couleurs** (fam.).

De sautes° d'humeur en contradictions, mon mari devient impossible; il me **fait mourir à petit feu**.   *fits*

Le plus souvent, les célibataires° endurcis **sont** très **attachés à**   *bachelors*
leurs habitudes et **réglés comme des horloges°**.   *clocks*

Ma cousine est timide, hésitante; elle **se noie°** dans un verre   **se noyer** *drown*
d'eau. On a **beau°** la conseiller, **ça rentre par une oreille et sort par**   a...*however much*
l'autre.

Les deux frères sont aussi différents que possible: l'un **coupe les**
cheveux en quatre, l'autre **prend tout pour argent comptant°** (fam.).   **argent**... *cash*

C'est impossible de vivre avec cette femme sans **devenir marteau°**   lit. *hammer*
(très fam.),[7] elle **est toujours sur des charbons ardents°** (fam.).   **charbons**...
                                                                            burning coals

Pour arriver à **se corriger de ses défauts**, il faut avoir la force de
caractère de **se rendre maître de ses passions**.

En famille, il n'est pas bienséant° de **se replier°** sur soi-même;   *fitting* / **se**...
on risque trop de **froisser° son entourage**.   lit. *fold up*
                                                                            lit. *wrinkle*

Moi, je préfère **un caractère°** tout d'une pièce; avec une telle   *personality*
personne, au moins, on **sait à quoi s'en tenir**.

Un ami qui **se met en quatre** pour vous sortir d'embarras mérite
votre reconnaissance **à la vie, à la mort**.

Mon frère **a le sang°** chaud; il **monte** facilement **sur ses grands**   *blood*
chevaux (fam.); mais, au fond, c'est un garçon qui **a le cœur sur la**
main.

Gérard **est une poule mouillée**, triste, craintif, peu loquace°; on   *talkative*
dirait qu'il **a peur de son ombre**.

---

[7] Allusion aux conséquences d'un coup de marteau sur la tête.

Exercices

1 Complétez les phrases suivantes, selon le sens, en employant les locutions qui figurent dans la colonne de droite. Mettez chaque locution donnée à l'infinitif à la forme qui convient.

MODÈLE: 1.   Louis n'écoute aucun conseil, ni de ses parents, ni de ses employeurs; il ne tient compte que de son opinion personnelle: il **n'en fait qu'à sa tête.**

2. La mère est si gentille, toujours aimable et accueillante, toujours prête à rendre service: elle _____.

3. Jean aime bien faire de bonnes plaisanteries pour faire rire ses amis, mais d'habitude lui ne rit pas; c'(est un) _____ _____.

4. Le père est moins sympathique, un peu insignifiant et pas toujours commode de caractère, mais il n'est pas méchant; il _____.

5. Mon directeur est un homme très dur. Quand il a décidé de renvoyer un employé, les scrupules ne l'arrêtent pas; il _____.

6. Moi, je fais très attention avec lui; aussi bien dans mon travail que dans nos conversations, je _____.

7. Mais je ne resterai pas longtemps sous ses ordres; il est trop autoritaire, trop pointilleux; il m'(en) _____.

8. Roger ne sait jamais ce qu'il va faire le lendemain; il change de situation tous les mois, il est instable, il _____.

9. Ce n'est pas en _____ que l'on peut arriver à faire quelque chose de sérieux dans la vie.

10. Il dit que sa femme (est) _____ quand elle lui fait des reproches; pourtant c'est bien elle qui a raison et lui qui est difficile à vivre.

11. Leur ménage marche très mal, naturellement; moi, j'aurais moins de patience qu'elle, souvent je _____.

12. Elle lui cite souvent son père en exemple; celui-ci est calme, sérieux, ponctuel; il _____.

a) agir à tort et à travers

b) être réglé comme une horloge

c) avoir un cœur d'or

d) n'en faire qu'à sa tête

e) être casse-pieds

f) prendre le mors aux dents

g) ne pas être un mauvais diable

h) se tenir sur ses gardes

i) être un pince-sans-rire

j) ne reculer devant rien

k) être comme l'oiseau sur la branche

l) en faire voir de toutes les couleurs

2 Complétez chaque phrase en donnant la forme correcte de la locution idiomatique suggérée.

1. Raymond change aussi souvent d'opinion que de projets ou de cravates; il *n'a aucune suite* _____.

2. Cela lui fait du tort dans l'existence, mais il est si riche qu'il peut se permettre de *se moquer* _____.

3. *N'en faire* _____ n'est pas possible pour tout le monde. On est souvent puni d'être trop obstiné.

4. N'écoutez pas les mauvaises histoires toujours pessimistes de Lucien, c'est *un oiseau* _____ _____.

5. Moi, je le connais depuis très longtemps et je suis bien obligé de l'écouter, mais je *me tiens sur* _____.

6. Connaissez-vous ma sœur? Elle est gentille et sympathique, mais attention à ses paroles, elle *ment comme* _____.

7. En cela elle ressemble à ma cousine. Si vous l'écoutez, elle vous *fera avaler* _____ _____.

8. Vous savez ce que c'est, *se noyer dans* _____? C'est croire que tout est très difficile à faire.

9. Je ne me mets pas souvent en colère, mais si quelqu'un me contredit sans raison, je *monte sur* _____. (fam.)

10. Joseph est bien difficile avec sa manie d'observer les petits détails. On dirait toujours qu'il *cherche* _____. (fam.)

3 Répondez à chaque question par une phrase qui contiendra une locution idiomatique; notez «fam.» si la locution employée est familière.

MODÈLE: Que dit-on de quelqu'un qui oublie vite ce qu'on lui a dit?
Il a la mémoire courte.

Que dit-on de quelqu'un qui
1. est d'une extrême bonté avec tout le monde?
2. ment sans rime ni raison, pour le seul plaisir?
3. change très souvent d'idée?
4. essaie de faire croire des choses contre toute évidence?
5. cause des querelles par des paroles méchantes?
6. vexe sa famille ou ses amis par des paroles maladroites?
7. se met très en colère quand on le contrarie dans une discussion?
8. est peu agréable à première vue et devient sympathique par la suite?
9. a un caractère inconstant, tantôt facile, tantôt coléreux?
10. n'est pas poli, n'est pas agréable en société?

4 Traduisez en employant une locution idiomatique dans chaque phrase. (Notez que la mention «fam.» indique que la locution demandée appartient au style familier.)

1. A man with an iron hand was chosen as President.
2. The people who work for him must keep their eyes open. (fam.)
3. He does not beat around the bush when he speaks to you.
4. This girl would be more pleasant if she didn't put on airs.
5. People say that she is a sharp operator.

6. Parents don't like children to stand up to them.
7. Peter looks stupid, but don't go by appearances.
8. This teacher is set in his ways; he will not change.
9. I don't like his habit of splitting hairs.
10. For a few minutes this morning I was on pins and needles. (fam.)

5 Sujets de composition ou de conversation : Développez les sujets suivants comme devoir écrit ou exposé oral. Choisissez des locutions idiomatiques qui se rapportent au sujet et employez-les à propos. (Le professeur précisera si les locutions familières sont autorisées ou non.)

1. Une jeune femme écrit à sa mère pour lui faire part du mauvais caractère de son mari. Ecrivez la lettre.
2. Quelles sont à votre avis les qualités principales que l'on aime trouver chez un camarade ?
3. Parmi toutes les expressions de ce chapitre, quelles sont celles qui pour vous sont les plus vivantes ? Employez-en cinq ou six dans un contexte de votre choix.
4. Faites le portrait d'un menteur que vous connaissez bien.
5. Racontez comment vous vivriez si vous étiez très riche et influent.

47   *être bête à manger du foin*

1. **user ses fonds de culotte sur les bancs** (très fam.) (se dit des garçons) : aller à l'école mais ne fournir aucun travail cf. *take up space* lit. *wear out the seat of one's pants on school benches*
2. **tirer au flanc** (très fam.) : chercher des occasions pour ne pas faire son travail *weasel out of* (*working*)
3. **se laisser vivre** : ne pas se fatiguer au travail ; préférer les amusements *take life easy*
4. **des pleurs et des grincements de dents** *weeping and gnashing of teeth*
5. **éclater de rire** : rire très fort *burst out laughing*
6. **Revenons à nos moutons** (fam.) : Revenons à notre sujet *Let's get back on the track*
7. **prêcher dans le désert** : parler à un groupe d'individus inattentifs *preach in the wilderness*

3 La Vie à l'école

Première Partie: Professeurs Etudiants

Tu te souviens d'André Belin? Eh bien, il a encore changé d'école. Cette année, il **use ses fonds de culotte sur les bancs** (très fam.) du lycée Corneille. On se demande s'il va passer sa vie à **tirer au flanc** (très fam.).[1]

Un père à son fils: «Encore un week-end passé à faire du camping! Tu **te laisses vivre**, mon garçon! Mais la date de l'examen approche; il y aura **des pleurs et des grincements de dents!**»

Ce matin, M. Lartaud a interrompu sa conférence pour nous raconter une petite histoire. Toute la classe a **éclaté de rire!** «Et maintenant, dit-il, **revenons à nos moutons°**» (fam.).[2]   *sheep*

Parfois, j'ai l'impression de **prêcher dans le désert**; vous n'attachez pas assez d'importance à soigner° votre style.   *polish*

---

[1] Expression d'origine militaire. Le soldat qui ne veut pas combattre quitte la ligne d'assaut pour aller vers les côtés.

[2] Allusion à *La Farce de Maître Pathelin*. Dans cette comédie du 15ème siècle, une partie de l'action se passe en cour de justice. Dans l'esprit du juge, les moutons qui ont été volés constituent le sujet principal.

8. **en dépit du bon sens**: très mal *senselessly* lit. *in defiance of common sense*

9. **attraper l'intonation**: mettre le ton en récitant

10. **savoir quelque chose sur le bout du doigt**: le savoir à la perfection *know something backward and forward, inside out*

11. **Je connais la musique** (fam.): C'est toujours la même chanson *That's a familiar tune*

12. **passer aux oubliettes** (fam.): tomber dans l'oubli *be clean forgotten*

13. **être tout feu, tout flamme** (fam.): être plein d'ardeur, d'enthousiasme *be full of pep*

14. **avoir un poil dans la main** (fam.): être très paresseux *be a lazybones* (colloq.)

15. **se creuser la cervelle** (fam.): faire des efforts de réflexion *rack one's brains* (colloq.)

16. **Ce n'est pas la mer à boire**: Ce n'est pas une quantité énorme de travail *It's not like climbing Mount Everest* lit. *It's not like having to drink the ocean*

17. **être payé de ses efforts**: être récompensé de ses efforts *be rewarded for one's efforts*

18. **mâcher la besogne à quelqu'un**: l'aider pour lui faciliter la tâche *lead someone by the hand; spoon-feed someone* (colloq.)

19. **en pure perte**: sans aucun profit *to no avail*

20. **faire preuve de mansuétude (à l'égard de quelqu'un)**: (le) traiter avec grande indulgence

21. **bayer aux corneilles**: regarder distraitement en l'air *stargaze* lit. *gape at the crows*

22. **rendre un mauvais service à quelqu'un** *do someone a disservice*

23. **faire l'appel** *call the roll*

24. **faire son mea culpa (de quelque chose)**: se repentir (de); reconnaître sa faute *beat one's breast (over something)*

25. **sécher un cours** (argot scol.): manquer un cours; ne pas y assister *cut a class* (colloq.)

26. **faire l'école buissonnière** (se dit des jeunes écoliers): aller s'amuser au lieu d'aller à l'école *play hooky* (informal)

27. **filer un mauvais coton** (fam.): ici, s'engager dans une très mauvaise voie, une conduite qui risque d'avoir de graves conséquences *go to the dogs* (informal)

28. **ne pas y aller de main morte**: ici, ne pas sembler connaître de limites *be heavy-handed; pour it on* (colloq.) lit. *not go about it with a dead hand*

29. **avoir deux poids, deux mesures**: porter des jugements divers; être injuste *have a double standard*

30. **faire du chouchoutage** (fam.): faire du favoritisme *play favorites*

31. Cf. **être le chouchou (fem. la chouchoute) de quelqu'un** (fam.): être son favori (fem. sa favorite) *be someone's pet*

32. **avoir de l'esprit jusqu'au bout des doigts**: être remarquablement spirituel, brillant *be witty to one's fingertips*

33. **mettre du cœur à l'ouvrage**: travailler avec enthousiasme, vivacité *put one's heart in one's work*

Marie est furieuse. Son professeur de diction a jugé qu'elle récitait **en dépit du bon sens** parce qu'elle n'avait pas su **attraper l'intonation.** Quand même°, elle **savait** son poème **sur le bout du doigt**!

Quand... still

Quand j'étais petite, je n'aimais pas faire mes devoirs en arrivant à la maison. Ma mère me disait souvent: «**Je connais la musique** (fam.): on renvoie au lendemain° et le travail **passe aux oubliettes**» (fam.).

next day

Je ne comprends pas cet étudiant: tantôt il **est tout feu, tout flamme** (fam.), tantôt il semble **avoir un poil°** **dans la main** (fam.).

hair

Je suis fatigué de **me creuser° la cervelle** (fam.): je ne peux pas me rappeler où j'ai trouvé ces citations. Relire tout le livre, après tout, **ce n'est pas la mer à boire**!

se creuser lit. *dig into*

Les professeurs aiment bien **être payés de leurs efforts.** Malheureusement, ils ont quelquefois l'impression de **mâcher° la besogne** à certains élèves **en pure perte°.**

lit *chew*
loss

Beaucoup d'éducateurs croient que **faire preuve de mansuétude°** à l'égard des élèves qui **bayent aux corneilles**, c'est leur **rendre un mauvais service.**

gentleness

Dans les universités françaises les professeurs ne **font** pas **l'appel** en classe; mais quand arrive la fin de l'année, beaucoup d'étudiants **font leur mea culpa**[3] d'avoir **séché les cours** (argot scol.).

Quand Jacques était au lycée, il **faisait** souvent **l'école buissonnière°**; maintenant, il fréquente la mauvaise société; on dit même qu'il se drogue. Ce garçon **file° un mauvais coton** (fam.).

in the bushes
filer *spin*

Le professeur Legrand **n'y va pas de main morte** quand il donne du travail. Mais il faut reconnaître qu'il **n'a pas deux poids°, deux mesures**: il donne à chaque étudiant les notes qu'il mérite. Il ne **fait** jamais **de chouchoutage** (fam.).

weights

Cette jeune fille **a de l'esprit jusqu'au bout des doigts.** Elle est sérieuse, appliquée, et elle **met** toujours **du cœur à l'ouvrage.**

---

[3] **Mea culpa**: expression latine signifiant «par ma faute». Les catholiques se frappent la poitrine en confessant leurs fautes pendant le sacrement de la confession.

34. **être (un) bûcheur** (fem. **bûcheuse**) (fam.): travailler, étudier beaucoup et avec ardeur *be a bear for work* (colloq.)

35. **régler l'emploi de son temps**: s'organiser de façon à ne pas perdre de temps *budget one's time*

36. **On peut les compter sur les doigts de la main**: Ils sont très rares *You can count them on the fingers of one hand*

37. **Ce n'est pas une lumière** (fam.): Il (elle) n'est pas très intelligent(e) *He (she) is not too bright*

38. Cf. **Ce n'est pas un aigle** (fam.) (se dit des hommes) *He is no mental giant*

39. **ne pas se fouler la rate** (très fam.): ne pas faire d'efforts au travail; être assez paresseux *not knock oneself out* (colloq.) lit. *not strain one's spleen*

40. **se mettre le doigt dans l'œil** (fam.): être complètement dans l'erreur; avoir bien tort *be in for a big surprise, for a shock*

41. **ne pas pouvoir voir quelqu'un en peinture**: avoir de l'animosité contre lui; le détester *not be able to stand the sight of someone* lit. *not be able to stand even a painted portrait of someone*

42. **chercher la petite bête** (fam.): être méticuleux à l'excès *be overcritical*; *nit-pick* (informal)

43. **jeter un coup d'œil sur quelque chose**: l'examiner rapidement *glance through something*

44. **recourir aux bons offices de quelqu'un**: avoir recours à son aide, à son obligeance lit. *have recourse to someone's offered services*

45. **un homme** (ou **une femme**) **de tête**: une personne qui a de la décision et du caractère *a capable man* (or *woman*)

46. **un puits de science**: une personne qui a une érudition prodigieuse *a fount of knowledge* lit. *a well of knowledge*

47. **être bête à manger du foin** (fam.): être stupide au suprême degré *be as dumb as an ox* (informal) lit. *be stupid enough to eat hay*

48. **dire une ânerie**: dire une chose absurde, par grande ignorance ou stupidité *make an asinine statement* (informal)

André Dunes **est un** vrai **bûcheur** (fam.) qui sait **régler l'emploi de son temps.** Les étudiants comme lui, **on peut les compter sur les doigts de la main.**

Georges? **Ce n'est pas une lumière°** (fam.), et aussi, il faut dire   *light*
qu'il **ne se foule pas la rate** (très fam.)! Le pauvre garçon, s'il
s'imagine qu'il va réussir, il **se met le doigt dans l'œil** (fam.).

Ce professeur, moi, je **ne peux pas** le **voir en peinture**: il est
avare° pour les notes et il **cherche la petite bête** (fam.) quand il   *stingy*
corrige les devoirs.

Le professeur Mounin nous a dit de **jeter un coup d'œil** sur ses
corrections; et il a ajouté: «Si vous ne comprenez pas, n'hésitez pas
à **recourir à mes bons offices.**»

Le doyen° de la faculté est vraiment **un homme de tête**; on dit   *dean*
aussi que c'est **un puits de science.**

Il faut **être bête à manger du foin** (fam.) pour **dire des âneries**
pareilles!

Exercices

1 Complétez les phrases suivantes, selon le sens, en employant les locutions qui figurent dans la colonne de droite. Mettez chaque locution donnée à l'infinitif à la forme qui convient.

MODÈLE: 1. Je vous ai dit plusieurs fois que le mot *professeur* n'a pas de féminin et personne ne s'en souvient: c'est **passé aux oubliettes.**

2. Vous vous plaignez que cet exercice est trop long et trop difficile. Allons, un peu de courage, (ce) _____ _____.

3. Vous me dites que vous n'avez pu faire votre travail parce que votre mère est malade et votre père est en voyage. Ne me racontez pas d'histoires, je _____.

4. Celui qui ne demande pas d'explications et qui ne cherche pas à comprendre, travaille _____.

5. Regarder voler les mouches, penser à autre chose, rêver en classe, c'est _____.

a) se mettre le doigt dans l'œil
b) un puits de science
c) passer aux oubliettes
d) ce n'est pas un aigle
e) connaître la musique
f) sécher les cours
g) régler l'emploi de son temps
h) se laisser vivre

6. Quand on est enfant et que l'on manque l'école, cela s'appelle faire l'école buissonnière; pour un étudiant, on dit _____ _____.

7. Si un étudiant n'a pas une intelligence suffisante pour bien réussir dans ses études, on peut dire que _____.

8. Notre vieux professeur de mathématiques est d'une extra-ordinaire compétence. La haute valeur de ses recherches et de ses découvertes prouvent que c'est _____.

9. Madeleine passe trois heures sur son devoir de français, puis une demi-heure seulement sur celui de physique. Au moment d'aller en classe, elle n'a pas encore étudié ses leçons parce qu'elle ne sait pas _____.

10. Si vous croyez qu'en manquant certains cours et en n'assistant qu'à ceux qui vous intéressent vous allez réussir, vous _____ _____.

11. Je vous le répète une fois de plus: si vous n'avez pas bien compris mes explications, si vous avez des doutes, n'hésitez pas à _____.

12. Simon préfère jouer plutôt que de travailler. L'après-midi il va à la plage, le soir il regarde la télévision. En somme, il _____ _____ et les études passent au second plan.

i) bayer aux corneilles
j) recourir à mes bons offices
k) ce n'est pas la mer à boire
l) en pure perte

2 Complétez chaque phrase en donnant la forme correcte de la locution idiomatique suggérée.

1. J'ai comme élève le fils d'un professeur. Il voudrait que je l'avantage. Je lui ai dit: « Non, il n'y a pas *deux poids* _____. »

2. Jean avait un problème de physique très difficile. Il *s'est creusé* _____ (fam.) sans pouvoir arriver à le résoudre.

3. Croyez-vous, Henri, que vous avez bien travaillé cette année, que vous avez vraiment *mis* _____ ?

4. Vous savez ce que c'est, *prêcher dans* _____ ? C'est s'adresser à une classe qui pense à tout sauf à l'étude.

5. Oui, certainement, l'élection du Président vaut que l'on en parle un moment, mais maintenant *revenons à* _____. (fam.)

6. Si vous venez ici pour *user* _____ (très fam.), il vaut mieux que vous restiez chez vous.

7. Ceux qui préfèrent les distractions à la classe auront une mauvaise surprise le jour de l'examen: ils pourront *faire leur* _____.

8. Pour savoir quels étudiants sont absents, le professeur *fait* _____ au début du cours.

9. J'ai l'intention d'être assez généreux dans mes notes. Je *ne chercherai pas la* _____. (fam.)

10. Si vous avez l'occasion de trouver un livre de conversation bien fait, *jetez-y* _____ avant de partir en voyage.

3 Répondez à chaque question par une phrase qui contiendra une locution idiomatique ; notez «fam.» si la locution employée est familière.

MODÈLE :   Que dit-on de quelqu'un qui travaille assez bien mais pourrait faire beaucoup mieux ?
Il ne se foule pas la rate. (très fam.)

Que dit-on de quelqu'un qui

1.   vous est particulièrement désagréable et que vous détestez ?
2.   répond une absurdité à chaque interrogation ?
3.   fait tout ce qu'il peut pour travailler le moins possible ?
4.   met au travail une ardeur extraordinaire ?
5.   est extrêmement paresseux ?
6.   explique très longtemps un sujet pour bien le faire comprendre ?
7.   préfère ostensiblement certains élèves à d'autres ?
8.   s'amuse au lieu d'aller en classe d'une façon régulière ?
9.   est l'élève le plus stupide de la classe ?
10.   étudie beaucoup et obtient toujours de bonnes notes ?

4 Traduisez en employant une locution idiomatique dans chaque phrase. (Notez que la mention «fam.» indique que la locution demandée appartient au style familier.)

1.   To get a good grade, you must know the dialogue backward and forward.
2.   The taxi driver was very nice, but he was not too bright. (fam.)
3.   When I saw that she and I were wearing the same dress, I burst out laughing.
4.   She did him a disservice by letting him see her paper.
5.   Our son likes school, but he is certainly not a bear for work. (fam.)
6.   When my father gives me work to do, he really pours it on.
7.   The other children don't like George because he is the teacher's pet. (fam.)
8.   How many good teachers are there here ? You can count them on the fingers of one hand.
9.   Charles has a lot of homework to do, but he is not going to knock himself out. (très fam.)
10.   I'd like to hear this professor speak. They say that he is witty to his fingertips.

5 Sujets de composition ou de conversation : Développez les sujets suivants comme devoir écrit ou exposé oral. Choisissez des locutions idiomatiques qui se rapportent au sujet et employez-les à propos. (Le professeur précisera si les locutions familières sont autorisées ou non.)

1.   Quels sont les bons et les mauvais côtés de la vie d'un étudiant ?
2.   D'après vous, un professeur doit-il être aimable avec les élèves ou au contraire très sévère ?
3.   Décrivez le professeur que vous trouvez le plus aimable.
4.   Votre camarade Eugène est très intelligent mais assez fantaisiste dans ses études. Croyez-vous qu'il réussira ? Comment ?
5.   Vous écrivez à votre père pour lui annoncer que vous renoncez à la carrière de professeur. Donnez-lui vos raisons.

49. **étudier** (ou **travailler**) **sans relâche**: étudier sans interruption *study* (or *work*) *without respite, without stopping*

50. **à pas de géant**: en faisant des progrès très rapides *with giant steps*

51. **par la force des choses**: inévitablement; forcément *perforce*

52. **se bercer d'illusions**: s'illusionner *cherish illusions*

53. **travailler d'arrache-pied**: travailler en fournissant un effort persévérant *work steadily*; *keep one's nose to the grindstone* (colloq.)

54. **se graver dans la mémoire** (se dit des choses) *become engraved in one's memory*

55. **être collé à** (**un examen**) (fam.): échouer à *flunk* (*an exam*) (colloq.)

56. **en avoir par-dessus la tête** (**de**) (fam.): en avoir assez (de) *be fed up* (*with*) (colloq.)

57. **tendre la perche à quelqu'un**: l'aider quand il a de grosses difficultés pour lui donner l'occasion de bien faire *hold out a hand to someone*

58. **à tout bout de champ**: à la moindre occasion *at every available opportunity*

59. **se la couler douce** (fam.): avoir une vie facile, sans inquiétudes *take life easy* (informal)

60. **se tuer à la tâche** (ou **au travail**): risquer de se rendre malade par excès de travail *wear oneself out with hard work*

61. **ne pas avoir inventé la poudre** (fam.): être une personne peu intelligente *be no genius*

62. **venir à bout de quelque chose**: ici, acquérir une bonne connaissance de quelque chose *master something*

63. **Ce n'est pas sorcier** (fam.): Ce n'est vraiment pas difficile à comprendre lit. *There is no wizardry in that*

64. **Il coulera** (ou **Il passera**) **de l'eau sous le pont**: Beaucoup de temps passera *A lot of water will go under the bridge*

65. **se bourrer le crâne** (**de**) (fam.): fixer trop de choses dans la mémoire *fill one's head* (*with*)

66. **en prendre et en laisser**: ici, ne pas tout retenir; choisir ce qui est utile *draw the line* lit. *take some and leave some*

67. **un travail de Romain** (fam.): une tâche longue et dure *slave's work*; *drudgery*

68. **être reçu à** (**un examen**): passer avec succès *pass* (*an exam*)

69. **être en bonne voie**: ici, faire des progrès qui promettent le succès *be on the right track*

70. **passer de la pommade à quelqu'un** (fam.): le flatter exagérément *soft-soap someone* (colloq.); *apple-polish* (informal)

71. **avoir la bosse de** (**une matière**) (fam.): avoir une aptitude particulière pour; être très doué en *have a knack for* (*a subject*)

72. **prendre son parti de quelque chose**: ici, l'accepter avec bonne volonté *make the best of something*

Deuxième Partie:
Travail   Cours   Examens

Un élève doué°, **étudiant sans relâche**, doit avancer **à pas°** de géant, par la force des choses. — *gifted / steps*

Ne **vous bercez°** pas **d'illusions, travailler d'arrache-pied** est indispensable pour réussir. — **se bercer** *rock oneself*

En règle générale, repassez° vos leçons le soir plutôt que le matin; elles **se gravent** mieux **dans la mémoire.** — **repasser** *go over*

Mon pauvre ami, si tu **es collé** (fam.) à l'examen, ce sera ta faute. Je me mets à la place du professeur; il doit **en avoir par-dessus la tête** (fam.) de te **tendre la perche°** à **tout bout de champ** pour un si piètre° résultat! — *lit. pole* / *pitiful*

Évidemment, il est plus agréable de **se la couler° douce** (fam.) que de **se tuer à la tâche.** — *lit. flow*

Il **n'est pas** indispensable d'**avoir inventé la poudre°** (fam.) pour **venir à bout** des conjugaisons des verbes. **Ce n'est pas sorcier** (fam.)! — *gunpowder*

Il coulera de l'eau sous le pont avant que le sujet soit épuisé°. — *exhausted*

Se bourrer° le crâne (fam.) de tout ce que l'on lit n'est pas une bonne chose; il faut **en prendre et en laisser.** — **se...** *stuff*

C'est **un travail de Romain** (fam.) de chercher tous ces mots dans des encyclopédies.

Tu as de bonnes chances d'**être reçu** à l'examen. Puisque le professeur Simon te dit que tu **es en bonne voie**, tu n'as pas à avoir peur. Ce n'est pas un homme à **passer de la pommade°** (fam.) aux étudiants. — *cream, ointment*

Bien sûr, tout le monde n'**a** pas **la bosse°** (fam.) des mathématiques; mais ce cours est requis. Il faudra donc le suivre et en **prendre votre parti.** — *lit. hump*

73. **Ce n'est pas une sinécure (que de)** (fam.): C'est un travail dur et absorbant *It's a hard grind (to)* (colloq.)

74. **se mettre quelque chose dans la cervelle** (fam.): le fixer dans la mémoire *get something into one's head*

75. **la rançon du succès** *the price of success*

76. **se claquer au travail** (très fam.): se fatiguer à l'excès en travaillant *wear oneself out working*

77. **simple comme bonjour** (fam.): très facile *easy as pie*

78. **un casse-tête chinois**: un travail intellectuel très difficile et fatigant *a brain-racking task*

79. **trembler de tout son corps**: trembler très fort de peur *shake all over*

80. Cf. **avoir la tremblote** (très fam.) *shake in one's boots* (colloq.)

81. **(être reçu) les doigts dans le nez** (fam.): sans aucune difficulté (*pass*) *with flying colors*

82. **en mettre sa main au feu**: être fortement persuadé de quelque chose *bet one's bottom dollar on something* (colloq.)

83. **ne pas en croire un traître mot**: ne pas croire un seul mot de quelque chose *not believe a word of it*

84. **être noyé (en)**: être complètement perdu à cause des difficultés d'un sujet *be over one's head (in)*

85. **éclairer la lanterne de quelqu'un**: ici, donner des explications qui permettent de tout comprendre clairement *make someone see the light*

86. **avoir du travail par-dessus la tête**: avoir énormément de travail à faire *be up to one's ears in work*

87. Cf. **être débordé de travail** *be snowed under with work* (colloq.)

88. **C'est sa bête noire**: se dit de la chose (ou de la personne) que l'on déteste le plus; ici, *That's his pet hate*

89. **être en mesure de**: avoir la possibilité de *be in a position to*

90. **remonter le courant**: ici, travailler pour cesser d'être en retard lit. *go upstream*

91. **posséder à fond quelque chose**: en avoir une connaissance parfaite *have a complete command of something*

92. **dormir sur ses deux oreilles**: se reposer sans avoir peur *sleep soundly*; *rest easy*

93. **y mettre du sien**: mettre de la bonne volonté à faire quelque chose *show good will in something*

94. **faire son chemin**: réussir à atteindre le résultat désiré (ici, un diplôme, par exemple) *make one's way*

Ce n'est pas une sinécure (fam.)[4] que de se préparer à cet examen de chimie. Dieu sait le nombre de formules que nous avons à **nous mettre dans la cervelle**° (fam.)!   *lit. brain*

Grand-père disait que le travail est **la rançon du succès**, mais ça ne veut pas dire qu'il faille **se claquer au travail** (très fam.).

Le devoir de maths qu'on nous a donné hier est **simple comme bonjour** (fam.). Mais le problème de la semaine dernière était **un** vrai **casse-tête chinois**.

Je ne comprends pas pourquoi Eric **tremble de tout son corps**°   *body* au moment des examens. Il **est** toujours **reçu les doigts**° **dans le nez**   *fingers* (fam.).
Mais il semble impossible que Georges réussisse toujours si bien. Il doit tricher°, j'**en mettrais ma main au feu**. On dit que c'est   *cheat* un garçon honnête, mais moi, je **n'en crois pas un traître mot**.

Pendant les trois premières semaines, j'**étais noyé**° en physique.   *drowned* Mais le professeur m'a donné quelques explications supplémentaires et il a bien **éclairé ma lanterne**.[5]

En ce moment, Jeannette **a du travail par-dessus la tête**. Hier soir, elle n'a pas pu faire ses problèmes. D'ailleurs, les maths, **c'est sa bête noire**.

Bien sûr, votre maladie vous a mis en retard, mais maintenant vous **êtes en mesure** de **remonter le courant**.

Seul celui qui **possède à fond** son sujet peut **dormir sur ses deux oreilles**.

Même sans être d'une intelligence supérieure, si on **y met du sien**, on peut **faire son chemin**.

---

[4] **Sinécure**: emploi où l'on est bien payé sans avoir presque rien à faire, comme il en existait au 17ème siècle pour les ecclésiastiques.
[5] Comparaison avec une lampe qu'on allume pour vous aider à y voir dans l'obscurité. Cette locution est tirée d'une fable célèbre de Claris de Florian (18ème siècle) où un animal se sert d'une lanterne magique.

95. **se faire pistonner** (fam.): se faire recommander par quelqu'un qui a de l'influence *get someone to pull strings for you* (colloq.); ici, *have connections*

96. **un bon éventail de connaissances**: une grande diversité dans le savoir *a wide range of knowledge*

97. **être dans les petits papiers de quelqu'un** (fam.): être en grande faveur auprès de lui *be on someone's good side*

98. Cf. **être dans les bonnes grâces de quelqu'un** *be in someone's good graces*

99. **ramasser une veste à (un examen)** (très fam.): échouer à; ne pas réussir à *flunk (an exam)* (colloq.)

100. **faire acte de présence**: venir pour le principe seulement; rester passif *be present in body but not in spirit*

101. **travailler comme un galérien**: travailler très dur, comme un esclave *work like a slave*

102. **décrocher la timbale** (fam.): obtenir un grand succès difficile à acquérir *make the grade*; *win the gold medal* lit. *unhook the metal mug*

103. **avoir du pain sur la planche** (fam.): ici, avoir beaucoup de travail devant soi *have one's work cut out for one*

104. **rattraper le temps perdu**: regagner le temps perdu en redoublant son activité *make up for lost time*

105. **mettre quelqu'un en garde (contre quelque chose)**: l'alerter; le prévenir d'un mauvais résultat possible *forewarn, caution someone (against something)*

106. **laisser à désirer** (se dit des choses): ne pas être satisfaisant *leave something to be desired*

107. **se tourner les pouces** (fam.): passer son temps à ne rien faire *twiddle one's thumbs*

108. **mettre les bouchées doubles**: ici, se donner une double dose de travail *go twice as fast*; *get in high gear* (colloq.)

109. **être à jour**: ne pas être en retard dans son travail *be up to date, on schedule*

110. **mettre quelque chose à profit**: l'utiliser avec avantage *make the most of something*

111. **opposer la force d'inertie (à)**: répondre par une résistance passive *offer passive resistance (to)*

112. **Cela coule de source**: C'est d'une évidence absolue *It stands to reason* cf. *You can see that with half an eye* lit. *It flows (like water) from a spring*

On pense que ce candidat **s'est fait pistonner** (fam.) à l'examen de la maîtrise°; il est évident qu'il n'a pas **un bon éventail°** de connaissances.

Master's (degree)/ hand fan

Il vaut mieux **être dans les petits papiers** (fam.) des examinateurs, cela va sans dire; mais ça n'empêche pas de° **ramasser une veste** (très fam.) à l'examen.

empêcher de *prevent*

Faire acte de présence en classe ne suffit pas; il faut aussi s'appliquer, **travailler comme un galérien°** même, si on veut **décrocher la timbale** (fam.).⁶

galley-slave

Aujourd'hui, nous **avons du pain sur la planche** (fam.);⁷ nous sommes en retard, nous allons **rattraper le temps perdu**.

Les professeurs doivent **mettre en garde** les élèves dont le travail **laisse à désirer**.

Si on **se tourne les pouces°** (fam.) les premiers mois, après, il faut **mettre les bouchées° doubles** pour arriver à **être à jour**.

thumbs *mouthfuls*

Vous avez intérêt à **mettre à profit** les conseils de vos professeurs; **opposer la force d'inertie** n'avance à rien, **cela coule de source**.

---

⁶ Dans un jeu ancien, il fallait monter jusqu'à l'extrémité supérieure d'un poteau (*pole*) et attraper la timbale (*mug*) pour gagner le prix.
⁷ Allusion aux paysans qui font leur pain et le mettent sur une planche de bois.

Exercices

1 Complétez les phrases suivantes, selon le sens, en employant les locutions qui figurent dans la colonne de droite. Mettez chaque locution donnée à l'infinitif à la forme qui convient.

MODÈLE: 1. Le travail de Joseph est sérieux, appliqué, constant. S'il continue ainsi, son succès **est en bonne voie**.

2. Vouloir tout apprendre, même les choses qui ne semblent pas utiles, c'est _____.

3. Paul a décidé d'écrire une anthologie sur la littérature grecque. Comme je lui en demandais la raison, il m'a répondu: «C'est un sujet que je _____.»

4. L'étudiant qui a su répondre à toutes les questions de l'examen n'a plus d'inquiétude à avoir. Il peut _____.

5. Comment voulez-vous que je m'y prenne avec votre fils? La douceur n'y fait rien, la colère non plus. Je n'obtiens de lui aucune réaction: il _____.

6. Non, vraiment, je ne suis pas satisfait des élèves de ma classe; à quelques exceptions près, leur travail _____.

7. Mes élèves ne pourront pas dire que je ne les ai pas _____ _____ contre leurs défauts de prononciation. J'y attache une importance primordiale.

8. Mon cher ami, avec le travail que vous avez fourni cette année, je suis certain que vous serez reçu, j'en _____.

9. On ne peut pas en dire autant de ce pauvre Noël. L'examinateur ne peut pas le souffrir, c'est _____.

10. Dans tout examen il y a un pourcentage de chances: les questions, l'état de santé, la forme du moment; c'est inévitable, il faut _____.

11. Ce qui importe surtout c'est la confiance en soi. Ce n'est pas le cas d'Henri. Devant chaque examinateur, il _____ _____.

12. Quand, pour une raison ou une autre, on a pris du retard dans ses études, ce n'est pas facile de se rattraper, de _____ _____.

a) posséder à fond
b) en prendre son parti
c) remonter le courant
d) laisser à désirer
e) dormir sur ses deux oreilles
f) être en bonne voie
g) mettre en garde
h) sa bête noire
i) avoir la tremblote
j) opposer la force d'inertie
k) se bourrer le crâne
l) mettre sa main au feu

2 Complétez chaque phrase en donnant la forme correcte de la locution idiomatique suggérée.

1. Robert n'est pas un aigle; il faudra qu'il *travaille* _____ s'il veut obtenir de bons résultats.

2. De tels élèves sont pénibles pour un professeur, *ce n'est pas* _____ (fam.) de les maintenir au niveau de la classe.

3. Corriger consciencieusement une trentaine de copies mal faites est *un travail* _____ _____. (fam.)

4. Et pourtant il faut le faire. Le métier a du bon et du mauvais et on n'a pas la possibilité d'*en prendre* _____.

5. Quand on n'a pas beaucoup de santé, la sagesse est de ne pas _____ *au travail*. (très fam.)

6. Un travail doit être accompli avec régularité, constance, application, c'est *la* _____ _____.

7. J'ai mal compris les explications du professeur au dernier cours de physique. Il faudra que je lui demande d'*éclairer* _____.

8. Pierre a de fortes chances d'être reçu à son examen. Il a bien travaillé, et de plus il *est dans les* _____ (fam.) de son examinateur.

9. Par contre je n'ai aucune confiance dans les chances de Louis; depuis le début du trimestre, il *se la* _____. (fam.)

10. Je me demande pourquoi sa famille continue à payer ses études alors que lui *se tourne* _____ _____. (fam.)

3   Répondez à chaque question par une phrase qui contiendra une locution idiomatique: notez «fam.» si la locution employée est familière.

MODÈLE: Que dit-on de quelqu'un qui flatte le professeur afin de se faire favoriser?
          Il lui passe de la pommade. (fam.)

Que dit-on de quelqu'un qui

1. fait volontiers la part du travail qu'il doit accomplir?
2. fait intervenir en sa faveur une personnalité influente?
3. assiste à la classe sans s'y intéresser d'aucune sorte?
4. a échoué à un examen avec des notes très basses?
5. a été reçu à un examen très, très facilement?
6. a des difficultés dans un sujet où il est plutôt faible?
7. travaille deux fois plus vite que d'habitude?
8. a été reçu à l'examen final et a acquis le titre convoité?
9. a beaucoup travaillé parce qu'il était en retard?
10. s'est créé une belle situation par son succès?

4   Traduisez en employant une locution idiomatique dans chaque phrase. (Notez que la mention «fam.» indique que la locution demandée appartient au style familier.)

1. If you want to succeed in life, you have to keep your nose to the grindstone.
2. A lot of water will go under the bridge before we have enough money to buy a new house.
3. We had to get a lot of vocabulary into our heads before we could write that story in French. (fam.)
4. Jack is very intelligent. He thinks that problems in physics are easy as pie. (fam.)
5. My father is always too tired to go out. He works like a slave.
6. I don't think John will go to the movies with you. He's up to his ears in work.
7. She told me that she was going to Europe next summer, but I don't believe a word of it.
8. My parents are not in a position to send me to that university.
9. I still have three chapters to study; then I'll be up to date.
10. I was ill for a month, and it's very hard to make up for lost time.

5 Sujets de composition ou de conversation : Développez les sujets suivants comme devoir écrit ou exposé oral. Choisissez des locutions idiomatiques qui se rapportent au sujet et employez-les à propos. (Le professeur précisera si les locutions familières sont autorisées ou non.)

1. Vous pensez avoir bien étudié pour réussir à vos examens. Expliquez comment.
2. Quels sont vos sujets préférés ? Donnez vos raisons.
3. Vous suivez peut-être des cours qui ne vous plaisent pas. Est-ce à cause du travail, des examens ou des cours eux-mêmes ?
4. Pensez-vous que de chercher à tout apprendre et à tout retenir soit une bonne méthode ? Quels conseils donneriez-vous à un jeune étudiant ?
5. Ecrivez à vos parents pour leur parler de vos études et de vos camarades de classe.

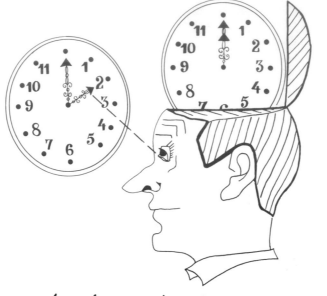

34 *chercher midi à quatorze heures*

1. **ne pas tarir d'éloges (sur)**: ne pas cesser de faire des compliments (sur) *be forever praising*; *never tire of praising*
2. **être écrit de main de maître**: être écrit avec un talent et une assurance incontestables *be a masterpiece of writing*; *be written with a master's hand*
3. **tenir le haut du pavé**: ici, occuper le premier rang *be the most acclaimed*
4. **un esprit de grande envergure**: ici, un auteur qui domine son sujet, sait le développer, en dégager les réalités profondes *a mind of great sweep and power*
5. **avoir bonne presse**: avoir une bonne réputation, surtout parmi les journalistes, les critiques *have a good press*
6. **de grand renom**: d'une grande réputation (favorable) *in great repute*; *in great renown*
7. **faire le procès de**: juger; critiquer dans le détail (un livre, par exemple) cf. *put to the test*
8. **rallier tous les suffrages**: être uniformément admiré du public, de la presse et de la critique *win universal acclaim*
9. **faire l'unanimité**: rallier tous les suffrages (voir ci-dessus) *win unanimous approval*
10. **porter quelqu'un au pinacle**: le porter en triomphe; lui faire un succès exceptionnel *praise someone to the skies*
11. Cf. **mettre quelqu'un sur un piédestal** *put someone on a pedestal*
12. **l'esprit d'observation** *acute powers of observation*
13. **les sentiers battus** *run-of-the-mill topics*

40

4 La Littérature

Auteurs Œuvres Qualités Défauts

La critique **ne tarit pas d'éloges**[1] sur le dernier roman de François Mauriac; évidemment, il est **écrit de main de maître**.

Dos Passos **tient le haut du pavé°** en France; c'est **un esprit de grande envergure**, sans aucun doute.   lit. *paving block*

Si vous voulez vous enrichir, lisez de préférence des ouvrages écrits par des auteurs qui **ont bonne presse**, des écrivains **de grand renom**.

Faire le procès° d'un livre est certainement plus facile que d'en écrire un qui **rallie° tous les suffrages°**.   *trial*
                                                                             rallier *win / votes*

L'écrivain qui **fait l'unanimité** a beaucoup de mérite; il est normal qu'on le **porte au pinacle**.

L'esprit d'observation est une qualité primordiale°, même s'il s'attaque à des **sentiers° battus**.   *fundamental*
                                                                             paths

[1] Au sens propre **tarir** s'applique à une rivière ou à une source pour indiquer qu'elle devient sèche, qu'elle n'a plus d'eau.

14. **se faire un nom** *make a name for oneself*
15. **l'étendue de ses connaissances** *the range, breadth of one's knowledge*
16. **être (le) fils de ses œuvres** (littér.) (se dit des hommes): se faire connaître par son talent seulement *become known solely through one's works* cf. *be a self-made man*
17. **donner sa mesure**: faire voir ce dont on est capable *reveal one's full stature*
18. **être dans le vent** (fam.): ici, avoir des idées qui reflètent des tendances modernes *be in the mainstream*
19. **prendre quelque chose sur le vif**: le décrire de façon que le lecteur voie la scène ou le paysage *capture the life of something*; *make something come alive*
20. **cultiver les muses** (littér): s'adonner à la poésie *court the Muses*
21. **y regarder à deux fois** *think twice*
22. **enfanter une œuvre** (littér): produire, créer une œuvre littéraire *father a work*
23. **de premier plan**: se dit d'une œuvre ou d'un auteur vraiment remarquable *first-rate*
24. **nouvelle vague** (loc. adj. invar.): se dit des choses ou des auteurs de la nouvelle génération *new wave*
25. **une histoire à dormir debout**: une histoire absurde, où le bon sens est totalement absent *a wild tale* lit. *a story to make you sleep standing*
26. **compliquer à plaisir**: compliquer sans raison valable *complicate for the sake of complicating*
27. **sortir de l'ordinaire** *be different, out of the ordinary*
28. **faire fausse route**: ici, procéder d'une mauvaise manière *take the wrong approach*
29. **(un auteur) sans foi ni loi**: qui choque par des idées anticonventionnelles; qui n'a ni religion ni morale *with no sense of decency* lit. *faithless and lawless*
30. **écrire des horreurs**: écrire des atrocités, surtout des obscénités *write abominations*
31. **la largeur de vues**: élévation et profondeur dans la façon de voir les choses *breadth of outlook*
32. **les pièces maîtresses**: les éléments essentiels *the hallmarks* lit. *the main beams*
33. **la trame du récit**: la succession des détails qui constituent le décor dans lequel l'action se passe *the thread of the story*; *the basic framework*
34. **(aller) chercher midi à quatorze heures**: chercher des difficultés quand il n'y en a pas; ici, compliquer à l'excès; rendre l'œuvre confuse, fatigante; ici, *be oversubtle*
35. **(un ouvrage) hors de pair**: supérieur à tous les autres *without peer*
36. **faire prime** (se dit des choses): ici, être très estimé et recherché à cause de ses grandes qualités qui sortent de l'ordinaire *be of lasting value*

Se faire un nom dans la littérature est souvent fonction de l'étendue° de ses connaissances. Relativement peu de gens y arrivent.

lit. extent

Albert Camus **est fils de ses œuvres** (littér.). Dans *L'Etranger*, il a **donné sa mesure**.

Jean Paul Sartre **est dans le vent°** (fam.). Plusieurs de ses drames ont pris°.

lit. wind
prendre *be a hit*

Une des grandes qualités de Balzac est qu'il sait **prendre** les incidents **sur le vif**.

Paul Valéry a aimé **cultiver les muses**.

Certains auteurs ont du succès parce que la mode° le veut ainsi, mais il vaut mieux **y regarder à deux fois** avant de les imiter.

fashion

Il n'est pas à la portée de° tout le monde d'**enfanter une œuvre** (littér.) **de premier plan**; cela exige° de la classe.

à within the ability of
exiger *demand*

Quelques auteurs **nouvelle vague** ont de la valeur, mais pas tous! Beaucoup écrivent **des histoires à dormir debout**.

Il y a des romanciers° qui **compliquent à plaisir** avec l'intention évidente de **sortir de l'ordinaire**; c'est là une façon de **faire fausse route**.

novelists

Monsieur Un tel° est **un auteur sans foi ni loi** qui **écrit des horreurs** sans le moindre scrupule.

Mr. So-and-so

La largeur de vues, la pureté du style, la richesse de la langue sont **les pièces maîtresses** d'une grande œuvre.

Un bon roman policier° décrit **la trame°** **du récit** sans **aller chercher midi à quatorze heures**.

detective story /
lit. woof (in textiles)

Bon nombre de critiques littéraires jugent que le *Don Quichotte* de Cervantes est **un ouvrage hors de pair°**. De toutes façons, c'est un livre qui **fait prime**.

equal

37. **faire autorité**: se dit d'un auteur (ou d'un ouvrage) qui par l'excellence de ses jugements peut être pris comme modèle *speak with authority*; *be authoritative*

38. **faire date**: se dit d'un événement ou d'un ouvrage qui marque un moment important *be a landmark*

39. **marquer son temps**: se dit d'une œuvre qui marque son époque *be (an) epoch-making (work)*

40. **remonter jusqu'aux sources**: prendre les choses à leur point de départ le plus éloigné possible *go back to the source*

41. **d'un grand retentissement**: se dit d'un ouvrage qui a un succès extraordinaire cf. *a resounding success*

42. **faire fureur** (se dit des choses): avoir un succès exceptionnel; exciter un intérêt extraordinaire *be all the rage*

43. **n'avoir que des échos (de quelque chose)** *know (something) only by hearsay*

44. **être dans la note (de)**:être dans le style, le ton (de) *be in the style (of)*

45. **une histoire sans queue ni tête**: une histoire complètement incohérente *a story without head or tail*

46. **(un ouvrage) à clouer au pilori**: condamnable à tous points de vue; ne méritant que de l'indignation *worthy of public ridicule* lit. *to be nailed to the pillory*

47. **soulever un tollé général**: provoquer l'indignation, une clameur générale de protestation *provoke a general outcry*

48. **le monde littéraire**: l'ensemble des gens qui s'intéressent à la littérature *the literary world*

49. **monter une cabale (contre quelqu'un)**: organiser des manœuvres destinées à attaquer la réputation d'une personne *mount an attack (against someone)*

50. **mettre le doigt sur la plaie**: ici, mettre en évidence les principaux défauts *hit the vulnerable spot* lit. *put one's finger on the sore*

51. **mettre au rancart** (fam.): se débarrasser de quelque chose dont on ne veut plus se servir *scrap*; *put in the circular file* (informal)

52. **un tas de balivernes**: une quantité de futilités, de choses sans valeur *a lot of rubbish, nonsense*

53. **mettre quelque chose noir sur blanc**: l'écrire et l'imprimer *put something down in black and white*; ici, *put something in print*

54. **faire dresser les cheveux sur la tête à quelqu'un** *make someone's blood boil*

55. **C'est la bouteille à l'encre**: C'est si compliqué, si confus que c'est incompréhensible *It's as clear as mud*; *There's no making head or tail of it* lit. *It's the ink bottle*

56. **tiré par les cheveux** (fam.): se dit d'explications ou de comparaisons qui manquent de naturel, de logique *far-fetched*, lit. *dragged in by the hair*

57. **par-dessus le marché**: de plus; en supplément *to boot* (colloq.); *in the bargain* lit. *on top of the bargain*

58. **venir comme des cheveux sur la soupe** (fam.): se dit de quelque chose qui arrive et qui n'a aucun rapport avec la situation ou le sujet *come like a bolt out of the blue* lit. *fall like hair on soup*

59. **faire des phrases**: s'exprimer emphatiquement, de façon recherchée, sans simplicité *use flowery, pretentious language*

60. Cf. **C'est un phraseur** *He is a speechifier*

61. **faire table rase (de)**: rejeter toutes les conceptions généralement admises *make a clean sweep (of)* lit. *sweep off the table*

Un savant° qui **fait autorité** a déclaré que *Le Rouge et le Noir* de Stendhal est un roman° qui a **fait date** dans l'histoire de la littérature.

scholar
novel

Les *Mémoires* de De Gaulle est une œuvre qui **marque son temps** et qui toujours **remonte jusqu'aux sources**.

C'est là un livre **d'un grand retentissement**. Pour vous dire s'il a **fait fureur**: les premiers 100.000 exemplaires se sont vendus en vingt-quatre heures.

Je **n'ai eu que des échos** du livre dont vous me parlez; je sais seulement qu'il **est dans la note** de l'actualité°.

Celui que je viens de lire raconte **une histoire sans queue° ni tête**; il est juste bon **à clouer au pilori**.[2]

the present day
tail

Le dernier roman de Durand a **soulevé un tollé° général** dans **le monde littéraire**; **la cabale° montée** contre lui est significative.

outcry
intrigue

Certains critiques ont l'art de **mettre le doigt sur la plaie** quand ils font un compte rendu° d'un livre qui n'est bon qu'à **mettre au rancart** (fam.).[3]

review

Quand on pense au **tas° de balivernes** qui sont **mises noir sur blanc** par des quantités d'auteurs médiocres, ça vous **fait dresser° les cheveux sur la tête**!

lot
erect

A mon avis, cette pièce-là°, **c'est la bouteille à l'encre**; les personnages° ont des reparties° **tirées par les cheveux** (fam.), l'action est difficile à suivre et, **par-dessus le marché**, les aventures qui arrivent à la fin **viennent comme des cheveux sur la soupe** (fam.).

cette... *that play*
characters / retorts

Il n'est pas surprenant que ce philosophe ait mauvaise presse: il **fait des phrases** dans ses livres, et il **fait table rase** des meilleures conventions sociales.

---

[2] Allusion aux condamnés qu'on attachait à des poteaux (*posts*) pour les exposer au ridicule du public.
[3] Le mot **rancart** ne se trouve que dans des locutions.

62. **un style ampoulé**: un style emphatique sans nécessité, qui décrit les choses simples sous une forme pompeuse *bombastic style*

63. **un style recherché**: un style qui manque de simplicité dans le choix des mots et la construction des phrases *labored, affected style*

64. **un style limpide**: un style facile à lire par ses phrases simples et très claires *pellucid, transparently clear style*

65. **un style fleuri**: un style agréable à lire, qui offre des métaphores gracieuses *graceful style (flowery in a favorable sense)*

66. **un bon bagage littéraire** *a good stock of knowledge in literature*

67. **faire ses premières armes**: faire ses débuts dans une carrière *make one's mark*

68. **porter un jugement (sur)** *pass judgment (on)*

69. **passer quelque chose au peigne fin**: ici, l'examiner dans les moindres détails, d'habitude avec un sens critique *go over something with a fine-toothed comb*

70. **être sujet (fem. sujette) à caution** (se dit des choses): inspirer des doutes; être suspect *be unreliable*

71. **laisser à quelqu'un toute latitude (de)**: le laisser choisir librement *give someone complete freedom (to)*

72. **remplir son rôle** *do one's part; fulfill one's role*

73. **un livre de chevet**: un livre sagement choisi et auquel on revient très souvent *one's bible* lit. *bedside book*

74. **la clé de voûte**: ici, l'élément le plus important lit. *the keystone*

75. **le latin de cuisine**: mauvais latin; jargon composé de terminaisons latines ajoutées à des mots d'une autre langue cf. *pig Latin*

76. **y perdre son latin** (fam.): avoir d'énormes difficultés à comprendre *be at one's wits' end*

77. **mettre la charrue avant les bœufs**: commencer par la fin *put the cart before the horse* lit. *put the plow before the oxen*

78. **voir les choses de haut**: regarder les choses de façon superficielle cf. *hardly touch upon (a subject)*

79. **ne pas en savoir long (sur)**: ne pas avoir beaucoup de connaissances (sur un sujet) *have only a superficial knowledge (of)*

80. **parler en maître (de quelque chose)** *speak authoritatively (about something)*

81. **être maître de son auditoire** *command the attention of one's audience*

82. **entendre les mouches voler**: se dit quand il y a un profond silence *hear a pin drop* lit. *hear the flies fly*

83. **en valoir la peine** *be worthwhile*

84. **C'est une feuille de chou** (fam.): C'est un journal de mauvaise qualité *It's not worth the paper it's printed on* (informal) lit. *It's a cabbage leaf*

C'est un défaut chez° un auteur d'avoir **un style ampoulé**, ou même **un style recherché**.   *in*

Nombreux sont les lecteurs° qui apprécient **le style limpide** d'Alphonse Daudet ou **le style fleuri** de Madame de Sévigné.   *readers*

Un bon bagage littéraire est indispensable pour celui qui veut **faire ses premières armes** en littérature comparée.

Il est souvent difficile de **porter un jugement** exact sur un auteur étranger° quand on ne connaît pas sa langue. Si l'on **passe** les traductions **au peigne° fin**, on les trouve souvent **sujettes à caution°**.   *foreign*
comb / doubt

Si le professeur vous **laissait toute latitude°** dans le choix de vos lectures°, il ne **remplirait** pas très bien **son rôle**.   *freedom*
readings

Prenez comme **livre de chevet** un chef-d'œuvre° d'un grand auteur classique; il sera sans doute **la clé de voûte**[4] de votre éducation littéraire.   *masterpiece*

Il y a une énorme différence entre la langue latine et **le latin de cuisine**.

Cet article est impossible à comprendre, j'y **perds mon latin** (fam.). L'auteur me donne l'impression de **mettre la charrue avant les bœufs**.

Quand un conférencier° **voit les choses de haut**, c'est bien souvent parce qu'il **n'en sait pas long** sur son sujet et qu'il serait bien incapable d'en **parler en maître**.   *lecturer*

Le professeur Laporte est un excellent conférencier: il **est** toujours **maître de son auditoire**. Hier soir, quand il a fait son entrée dans l'auditorium, on **entendait les mouches voler**.

Attention aux journaux°! Beaucoup contiennent des articles qui **en valent la peine**, d'autres sont de vulgaires° **feuilles de choux** (fam.)!   *newspapers*
plain

[4] Terme d'architecture qui signifie la pièce centrale d'une construction.

Exercices

1 Complétez les phrases suivantes, selon le sens, en employant les locutions qui figurent dans la colonne de droite. Mettez chaque locution donnée à l'infinitif à la forme qui convient.

MODÈLE: 1. Cet écrivain est un des plus éminents de notre époque. Son dernier livre a reçu les plus grands éloges de la critique qui le **porte au pinacle**.

2. Je préfère les écrivains qui font preuve d'imagination à ceux qui suivent _____.

3. De la façon trop générale dont cet étudiant a traité son sujet, on peut déduire qu'il _____.

4. J'ai essayé de lire jusqu'au bout le livre de M. Paulin. Impossible! C'est trop compliqué, trop confus, _____ ____.

5. Ma femme et moi aimons bien les auteurs modernes, mais à condition qu'ils respectent le bon goût et non pas qu'ils ____ _____.

6. Avez-vous lu *La Gloire de mon père* de Marcel Pagnol? Si vous voulez améliorer votre style, je vous conseille de lire ce livre qui est _____.

7. Un auteur qui se distingue en obtenant plusieurs prix littéraires _____ parmi ses contemporains.

8. Le plus célèbre des poètes français de notre temps _____ _____ avec beaucoup de talent et de sensibilité.

9. Si l'on veut se perfectionner dans une langue, c'est _____ _____ que de lire trop vite sans retenir le vocabulaire nécessaire à la conversation.

10. ·Lorsqu'un examinateur apporte des soins longs et minutieux à la correction d'une copie, il la _____.

11. Dans sa composition l'étudiant a essayé de prouver que le poème est baroque, mais son professeur a jugé que son explication était _____.

12. Le conférencier a commencé à développer son sujet devant une nombreuse assemblée qui gardait un silence religieux. On _____.

a) cultiver les muses
b) entendre les mouches voler
c) faire fausse route
d) passer au peigne fin
e) c'est la bouteille à l'encre
f) porter au pinacle
g) écrit de main de maître
h) tiré par les cheveux

i) tenir le haut du pavé

j) écrire des horreurs
k) ne pas en savoir long
l) les sentiers battus

2 Complétez chaque phrase en donnant la forme correcte de la locution idiomatique suggérée.

1. Avez-vous lu le dernier livre de René Durand? C'est *une histoire sans queue* _____ _____. On n'y comprend rien.

2. Des livres aussi insipides ne doivent guère se vendre; ils sont juste bons à *mettre* _____
_____. (fam.)

3. Notre professeur de littérature va *faire ses* _____. Le fruit de ses recherches
sera publié le mois prochain.

4. Mon auteur préféré est André Maurois. J'ai toujours une de ses œuvres sur ma table de
nuit, comme *livre* _____.

5. C'est un homme très érudit dont le style particulièrement soigné *rallie tous* _____
_____.

6. Je préfère de bonnes œuvres classiques à des aventures absurdes qui sont souvent des
histoires à _____.

7. Il n'est pas indispensable d'*aller chercher* _____ pour intéresser le public.
Une intrigue toute simple est souvent la meilleure.

8. Ainsi, il suffisait d'un petit fait divers à Alphonse Daudet pour *donner* _____
et montrer tout son talent d'écrivain.

9. La plupart des articles de ce petit journal de province sont sans valeur. *C'est une* _____
_____. (fam.)

10. Ce journaliste a la réputation de ne pas être impartial. Ses articles sont souvent *sujets*
_____.

3 Répondez à chaque question par une phrase qui contiendra une locution idiomatique:
notez «fam.» si la locution employée est familière.

MODÈLE: Que dit-on de quelqu'un qui a une connaissance approfondie de la littérature?
Il a un bon bagage littéraire.

Que dit-on de quelqu'un qui
1. présente un sujet avec une grande autorité?
2. d'origine modeste, est arrivé par sa seule valeur?
3. parle beaucoup et a peu à dire?
4. fait des recherches sur un sujet depuis son origine la plus lointaine?
5. occupe un des tous premiers rangs dans sa profession?
6. développe des idées nouvelles dans un style moderne?
7. accuse injustement un auteur et le critique sévèrement?
8. dans ses écrits fait violence aux conventions sociales?
9. découvre un défaut dans un livre et insiste sur son importance?
10. sait décrire une scène de façon très vivante?

4 Traduisez en employant une locution idiomatique dans chaque phrase. (Notez que la
mention «fam.» indique que la locution demandée appartient au style familier.)

1. If you want to be understood, don't put the cart before the horse.
2. This politician makes a clean sweep of our old traditions.
3. What he said came like a bolt out of the blue. (fam.)
4. We know many writers who are in great renown.

5. The range of an author's knowledge appears in his works.
6. Only a few works are epoch-making.
7. The last book we read is really out of the ordinary.
8. You find a lot of rubbish in books these days.
9. It makes my blood boil to see such books in our library.
10. I'm ready to give up this exercise; I'm at my wits' end. (fam.)

5 Sujets de composition ou de conversation: Développez les sujets suivants comme devoir écrit ou exposé oral. Choisissez des locutions idiomatiques qui se rapportent au sujet et employez-les à propos. (Le professeur précisera si les locutions familières sont autorisées ou non.)

1. Vous venez de lire un roman qui vous a beaucoup plu. Vous en donnez vos raisons à un camarade.
2. Avez-vous lu plusieurs œuvres écrites par des auteurs nouvelle vague? Qu'en pensez-vous?
3. Quelles sont les qualités que vous appréciez chez les critiques? Quels sont leurs défauts?
4. Aimez-vous les auteurs classiques? En quoi la lecture de leurs œuvres est-elle enrichissante?
5. Avez-vous assisté à des conférences intéressantes? Qu'est-ce qui en a fait l'intérêt?

59 mettre quelqu'un au pied du mur

1. **parler à cœur ouvert**: parler librement, sans rien dissimuler *speak openly, freely*
2. **mesurer (la portée de) ses paroles**: penser aux conséquences de ce que l'on dit *weigh one's words*
3. **faire des messe basses** (fam.): faire des apartés, des conversations murmurées *hold private conversations*
4. **taper sur les nerfs à quelqu'un** (fam.): lui porter sur les nerfs; l'irriter *get on someone's nerves*; *rub someone the wrong way*
5. **parler à bâtons rompus**: parler sur divers sujets, sans ordre logique *talk at random* Aussi, **une conversation à bâtons rompus** *a rambling conversation*
6. **dire ce que l'on a sur le cœur**: dire très sincèrement ce qui vous chagrine *get something off one's chest*
7. **ne pas mâcher ses mots**: s'exprimer franchement et brutalement *call a spade a spade*; *not mince words*
8. **avoir son franc-parler**: parler sans détour, sans réserve *speak one's mind*
9. **y mettre des (ou les) formes**: parler et agir selon les règles de l'étiquette *follow social conventions*
10. **commettre un impair** (fam.): faire ou dire une chose choquante, impolie *make a faux pas*
11. **crier comme un sourd**: crier de toutes ses forces *shout at the top of one's voice*
12. **avoir voix au chapitre**: pouvoir exprimer une opinion valable *have a say in the matter*
13. **tenir sa langue**: résister à la tentation de parler; s'imposer le silence *hold one's tongue*

52

5 La Conversation

Discussion Art de parler

Quand on est bons amis, on peut **parler à cœur ouvert**; il n'est pas indispensable de **mesurer ses paroles°**. — *words*

Certaines gens ont l'habitude de **faire des messes basses**. Moi, j'ai horreur de cela; ils me **tapent sur les nerfs** (fam.).

Je préfère parler **à bâtons rompus°**, ne pas cacher mes sentiments. — *broken*
Il est bon de pouvoir **dire ce l'on a sur le cœur.**

Notre propriétaire **ne mâche° pas ses mots**; quel que soit son interlocuteur, il **a** toujours **son franc-parler.** — **mâcher** *chew*

En certaines circonstances, il vaut mieux cependant **y mettre des formes**, de peur de **commettre un impair** (fam.).

Ce n'est pas en **criant comme un sourd°** qu'un orateur arrive à convaincre son auditoire. — *deaf person*

J'ai jugé que je n'**avais** pas **voix au chapitre** sur ce sujet que je ne connaissais pas; j'ai préféré **tenir ma langue.**

53

14. **ne souffler mot (de)**: rester silencieux (sur) *not whisper a word (of)*

15. **serment d'ivrogne** (fam.): promesse que l'on ne tiendra pas *cheap promise* lit. *oath of a drunkard*

16. **traîner quelqu'un dans la boue** *drag someone in the mud*

17. **à grand renfort (de)**: à l'aide d'un grand nombre (de) *with... galore*

18. **mettre une question sur le tapis**: introduire un sujet de discussion; soulever une question *bring a matter up for discussion*

19. **sans l'ombre d'un doute** *beyond a shadow of a doubt*

20. **Ce n'est pas un drame** (fam.): Ce n'est pas d'une grande gravité *It's not the end of the world; It's no tragedy*

21. **crier quelque chose sur les toits** (fam.): l'annoncer à tout le monde *shout something from the rooftops*

22. **laver son linge sale en famille** (fam.): discuter des difficultés familiales avec les membres de la famille seulement *wash one's dirty linen in private*

23. **l'oreille basse**: en ayant honte; tout confus *crestfallen*

24. **parler à la légère**: parler sans réfléchir, sans faire attention *speak thoughtlessly*

25. **avoir une prise de bec avec quelqu'un** (fam.): échanger des paroles assez violentes *cross swords with someone*

26. **en avoir gros sur le cœur**: avoir du chagrin, du remords *have a heavy heart*

27. **se mordre les lèvres (ou la langue) (de)**: regretter; se repentir (de) *bite one's tongue (for)*

28. **modérer ses expressions** *watch one's tongue, one's language*

29. **(en) tomber des nues**: être extrêmement surpris (par quelque chose) *be dumbfounded*

30. **Quelle mouche t'a piqué?** (fam.): Pourquoi t'es-tu mis en colère? *What got into you? Who put a bur under your saddle?*

31. **s'échauffer la bile** (littér.): se mettre vivement en colère *lose one's temper*

32. **parler à tort et à travers**: parler librement, inconsidérément *chatter away*

33. **parler de la pluie et du beau temps**: dire des choses sans intérêt *talk about the weather*

34. **avoir le chic (pour)** (fam.): être très adroit (pour) *have a knack, a talent (for)*

35. **forgé de toutes pièces**: complètement inventé *entirely fabricated; pure fantasy*

36. **un moulin à paroles**: une personne qui parle sans arrêt *a chatterbox*

37. **conter des sornettes (ou des balivernes)**: raconter des choses frivoles, futiles, extravagantes *tell tall tales* (informal)

38. **avoir le don de la parole**: être un excellent parleur *have the gift of gab* (colloq.)

39. **faire flèche de tout bois**: savoir mettre à profit toutes les ressources possibles *turn everything to advantage* lit. *make an arrow out of any wood*

40. **parole d'évangile** *gospel truth*

41. **rompre (ou briser) la glace** *break the ice*

42. **casser la tête à quelqu'un** (fam.): le fatiguer, ici, en parlant trop cf. *wear someone out*

43. **tenir quelqu'un en haleine**: l'intéresser; retenir son attention *keep someone spellbound*

Vous m'aviez promis de **ne souffler°** mot de mes disputes avec ma belle-mère. **Serment d'ivrogne** (fam.)! Vous en avez parlé sans gêne.   lit. *blow*

Vous l'avez même **traînée dans la boue, à grand renfort** d'épithètes désobligeantes!

Vous n'auriez pas dû **mettre cette question sur le tapis°[1]** chez moi, même si, **sans l'ombre d'un doute**, vous aviez raison.   *table cover*

Non, je ne suis pas fâché; **ce n'est pas un drame** (fam.), mais ce ne sont pas des choses à **crier sur les toits** (fam.).

Il est préférable de **laver son linge sale en famille** (fam.) que de tout dire en public.

Ne partez pas ainsi **l'oreille basse**, je veux bien admettre que vous avez **parlé à la légère**.

J'avais **eu une prise de bec°** (fam.) avec ma femme avant de quitter la maison; c'est pourquoi j'**en avais gros sur le cœur**.   lit. *beak*

Croyez-moi, je **me mords les lèvres** de n'avoir pas su **modérer mes expressions**.

Tous nos amis **en sont tombés des nues** tant tu as élevé la voix! **Quelle mouche° t'a piqué** (fam.) pour **t'échauffer la bile[2]** à ce point-là?   *fly*

Quand la conversation **languit°**, Charles trouve toujours le moyen de l'animer en **parlant à tort et à travers**. Ainsi, au moins, les gens ne peuvent pas **parler de la pluie°** et du beau temps.   **languir** *drag*

                                                                                                        rain

Il **a le chic** (fam.) pour annoncer des nouvelles **renversantes°**, la plupart du temps **forgées de toutes pièces**, naturellement.   *astounding*

C'est **un moulin° à paroles** et il n'a pas son **pareil°** pour **conter des sornettes** avec un parfait accent de sincérité.   *mill / equal*

Tout le monde n'**a** pas **le don de la parole**. Lui, rien ne le **gêne°**; il **fait flèche de tout bois**.   **gêner** *embarrass*

Evidemment, ce qu'il dit n'est pas **parole d'évangile**, mais en début de soirée, cela permet de **rompre la glace**.

Je veux bien admettre qu'il me **casse** un peu **la tête** (fam.) par moments, mais, au moins, par son imagination il **tient** l'auditoire **en haleine°**.   *breath*

---

[1] Dans une salle de conseil, les participants à la discussion s'asseyent autour d'une table couverte d'un tapis vert.
[2] Hippocrate croyait que c'était à la bile qu'il fallait attribuer la colère et la tristesse.

44. **avoir la langue bien pendue** : avoir l'habitude de beaucoup parler; être très bavard *talk up a storm* (colloq.)

45. **faire un écart de langage** : faire exception aux conventions sociales en employant des termes déplacés *let one's language get out of hand*

46. **ne pas desserrer les dents** : ne pas dire un seul mot *not open one's mouth*

47. **garder le silence** : rester silencieux *be silent*

48. **revenir à la charge** : ici, renouveler ses ressources pour recommencer à parler *go at it again* (informal)

49. **tomber sur un bec** (fam.) : ici, être arrêté par quelqu'un ou quelque chose qui vous fait obstacle *cf. fall flat on one's face* (informal)

50. **avoir le dernier mot** : insister pour gagner dans une discussion *have the last word*

51. **mettre le holà à quelque chose** : intervenir et y mettre fin *put a stop to something*

52. **dire des rosseries** (fam.) : dire des choses méchantes, désagréables *make nasty remarks*

53. **(en) rester sans voix** *remain speechless*

54. **faire amende honorable** : reconnaître qu'on a tort et s'excuser *make amends*

55. **présenter ses hommages (à)** *pay one's respects (to)*

56. **avoir le mot pour rire** : plaisanter *have a good sense of humor*

57. **jeter un froid** : ici, interrompre l'enthousiasme; causer un moment de silence *cast a chill*

58. **faire le guignol** : faire le clown *clown around*

59. **mettre quelqu'un au pied du mur** : ici, le forcer à s'exprimer sans ambiguïté; ici, *pin someone down, drive someone into a corner*

60. **tourner autour du pot** : employer des circonlocutions pour détourner le véritable sujet *beat around the bush*

61. **de fil en aiguille** : d'un sujet à l'autre *little by little* lit. *from thread to needle*

62. **mettre le feu aux poudres** : causer une vive dispute, un conflit *cause an uproar*

63. **faire assaut d'esprit** : se dit de plusieurs personnes qui essaient de rivaliser, de se surpasser en disant des choses spirituelles ou amusantes *engage in a battle of wits*

64. **se renvoyer la balle** : ici, échanger des mots d'esprit en répliquant vivement *outwit each other*

65. **tailler une bavette** (fam.) : bavarder; parler longuement de choses et d'autres *chat* lit. *cut a bib*

66. **parler pour ne rien dire** : parler pour le plaisir *talk for the sake of talking*

67. **les trois quarts du temps** : presque toujours

68. **bâtir des châteaux en Espagne** : faire de grands projets irréalisables *build castles in the air*

Pour intéresser un groupe d'invités, il vaut mieux un garçon à **la langue bien pendue**, à condition qu'il ne **fasse** pas d'**écart de langage**, que plusieurs individus qui **ne desserrent° pas les dents**.

> desserrer *unclench*

Quand par hasard il **garde le silence**, c'est parce qu'il prépare une **entrée en matière°** pour **revenir à la charge**.[3]

> entrée... *introduction*

Et s'il **tombe sur un bec** (fam.),[4] ce qui lui arrive parfois, il s'arrange toujours pour **avoir le dernier mot**.

Un soir, à la maison, j'ai dû y **mettre le holà°**; emporté par son enthousiasme, il commençait à **dire des rosseries** (fam.).

> *stop*

D'abord, il **en est resté sans voix**; puis, comprenant que j'avais raison, il a **fait amende° honorable**.

> lit. *penalty*

Quand il **présente ses hommages**, dès l'arrivée, il n'est pas rare qu'il réussisse à y **glisser°** une plaisanterie. Il **a** toujours **le mot pour rire**.

> throw in

Samedi dernier, il est parti plus tôt que d'habitude. Son départ a **jeté un froid**; personne ne pouvait **faire le guignol**[5] comme lui.

Quand on vous **met au pied du mur** pour fournir des explications, ce n'est pas le moment de **tourner autour du pot**.

De fil en aiguille, la conversation s'orienta sur la politique, et, naturellement, cela **mit le feu aux poudres°**.

> lit. *gunpowder*

Les deux frères **faisaient assaut d'esprit°**; tous les assistants se sont régalés de° les entendre **se renvoyer la balle**.

> wit
>
> se régaler de *delight in*

Tailler une bavette (fam.) est une occupation très féminine; cela consiste, le plus souvent, à «**parler pour ne rien dire**», disent les messieurs.

Line a une **drôle de°** façon de concevoir l'existence: **les trois quarts du temps**, elle **bâtit des châteaux en Espagne**.[6]

> drôle... *peculiar*

---

[3] De même, un bataillon de l'armée peut se retirer momentanément avant d'attaquer une deuxième fois.

[4] Il est question ici des becs de gaz qui éclairaient les rues et qui sont aujourd'hui remplacés par des lumières électriques. La locution fait allusion à un homme enivré par l'alcool qui se heurte accidentellement à un bec de gaz qu'il n'a pas vu.

[5] Le guignol est un théâtre de marionnettes où le spectacle fait rire les enfants. Dans l'expression synonyme «faire le clown», **clown** se prononce «kloun».

[6] C'est depuis les chansons de geste du 13ème siècle que l'Espagne a acquis la réputation d'être un pays d'aventures merveilleuses.

69. **avoir gain de cause**: ici, gagner, avoir l'avantage dans une discussion *come out on top*

70. **clouer le bec à quelqu'un** (fam.): lui fermer la bouche; le réduire au silence *shut someone up*

71. **prendre fait et cause pour quelqu'un**: se déclarer ouvertement en sa faveur *take someone's side*

72. **à la noix de coco** (fam.) (se dit des choses): très bizarre, étrange *oddball* (informal)

73. **donner sa langue au chat**: renoncer à trouver une réponse ou une solution *throw in the towel* (informal) lit. *give one's tongue away to the cat*

74. **ne pas vouloir en démordre**: s'obstiner à garder son point de vue *not let go* (*of an idea*)

75. **Cela me met hors de moi**: cela me rend furieux cf. *I'm beside myself*

76. **faire entendre raison à quelqu'un**: le convaincre qu'il a tort *make someone listen to reason*

77. **Il ne rime à rien** (**de**): Cela n'a aucun sens *It makes no sense* (*to*)

78. **se tenir sur la négative**: persister à refuser *maintain a negative attitude*

79. **parole d'honneur** *word of honor*

80. **savoir quelque chose de source sûre** *have something from a reliable source*

81. **jouer sur les mots**: employer des mots qui ont des sens divers et équivoques *quibble*; *play with words*

82. **vendre la mèche**: dévoiler un projet secret *let the cat out of the bag*

83. **être au regret** (**de**): regretter vivement (de) *regret* (*to*)

84. **verser de l'huile sur le feu**: rendre une querelle plus violente *add fuel to the fire* lit. *pour oil on the fire*

85. **le prendre de haut**: prendre quelque chose avec dédain *be haughty* (*about something*); *put on airs*

86. **vider une querelle**: liquider une dispute une fois pour toutes *settle a quarrel*

87. **passer** (ou **donner**) **un coup de fil à quelqu'un**: lui donner un coup de téléphone *give someone a ring*; *call someone up*

88. **rafraîchir la mémoire à quelqu'un** *refresh someone's memory*

89. **en arriver à croire**: arriver à la conclusion *have come to think*

90. **le fin du fin** (**avec quelqu'un**): ce qu'il y a de mieux comme attitude *the key to handling* (*someone*)

91. **jouer au chat et à la souris**: continuer à poursuivre quelqu'un qui s'amuse à échapper *play cat and mouse*

92. **Trêve de plaisanterie**: Cessons de plaisanter *No more joking*

93. **mettre les points sur les *i*** (**à quelqu'un**): s'expliquer avec précision, sans ambiguïté possible *spell it out* (*for someone*)

On ne peut pas toujours **avoir gain de cause**; on tombe parfois sur un partenaire qui vous **cloue le bec** (fam.).

Prendre fait et cause[7] pour quelqu'un ne signifie pas que l'on partage° ses opinions en toutes choses.

partager share

Tu me poses là une devinette° **à la noix de coco**° (fam.); je ne trouve pas de réponse, je **donne ma langue au chat**.

riddle / **noix**... *coconut*

Quand ma femme a une idée dans la tête, elle **ne veut pas en démordre**;[8] **cela me met hors de moi**. C'est perdre son temps que d'essayer de lui **faire entendre raison**. Moi, je n'y arrive pas.

Il ne rime à rien de **se tenir sur la négative** quand on vous propose de discuter d'un sujet aussi important.

Parole d'honneur! Je **sais de source sûre** que le mariage se fera dans les six mois à venir.

Ne **jouons** pas **sur les mots**; Jean l'a peut-être fait involontairement, mais il a **vendu la mèche**°.[9]

fuse

Je **suis au regret** de constater° que tout se serait bien passé si vous n'aviez pas **versé de l'huile sur le feu**.
Ne **le prenez** pas **de haut**; vous avez agi exactement comme si vous aviez l'intention de **vider**° **une querelle**.

notice

lit. empty

J'avais oublié leur invitation déjà ancienne; ils m'ont **passé un coup de fil**° pour me **rafraîchir la mémoire**.

lit. wire

J'en arrive à croire, dit mon frère, que **le fin du fin** avec les femmes, c'est de **jouer au chat et à la souris** avec elles.

Trêve° **de plaisanterie**! Parlons sérieusement, mon petit; si tu ne comprends pas, je vais te **mettre les points sur les** *i*.

lit. truce

---

[7] Il faut prononcer le **t** de **fait** (liaison obligatoire).
[8] Le verbe **démordre** n'existe que dans des locutions; cf. **mordre** (*bite*).
[9] Celui qui élimine la mèche empêche l'explosion (d'une mine) de se produire et, par comparaison, empêche la réalisation du projet secret.

Exercices

1 Complétez les phrases suivantes, selon le sens, en employant les locutions qui figurent dans la colonne de droite. Mettez chaque locution donnée à l'infinitif à la forme qui convient.

MODÈLE: 1. André a dit beaucoup de mal de son ancienne fiancée; il a sali sa réputation; il l'a **traînée dans la boue**.

2. Quand on parle à mi-voix dans un coin d'une pièce pour que les voisins ne puissent pas entendre, on (fait) _____ _____.

3. _____ une nouvelle _____, c'est la répandre de façon que tout le monde la sache.

4. Ils flirtent depuis plusieurs mois, sortent toujours ensemble; le mariage se fera _____.

5. Quand nous avons appris cette nouvelle extraordinaire, nous avons été stupéfaits; nous en sommes _____.

6. Je vous en prie, ne parlez pas ainsi, surveillez votre langage; devant une dame âgée, il faut savoir _____.

7. Le jeune homme a eu honte de s'être mis en colère et d'avoir crié aussi fort; devant les reproches de sa mère, il a _____ _____.

8. _____ n'est pas correct lorsqu'on a promis de garder le secret.

9. _____ n'est pas le signe d'une vive intelligence ni d'un grand sérieux.

10. Assis dans un fauteuil, fumant cigarette sur cigarette, il n'a pas dit un mot de la soirée; il n'a pas _____.

11. On appelle _____ une affirmation dont la vérité ne peut pas être mise en doute.

12. Il gesticule sans arrêt, il fait des grimaces: il _____ _____.

a) crier sur les toits
b) vendre la mèche
c) desserrer les dents
d) parole d'évangile
e) faire amende honorable
f) traîner dans la boue
g) parler à tort et à travers
h) modérer ses expressions
i) tomber des nues
j) faire des messes basses
k) faire le guignol
l) sans l'ombre d'un doute

2 Complétez chaque phrase en donnant la forme correcte de la locution suggérée.

1. Je n'ai pas bien entendu ce que vous disiez parce que mon petit frère *criait* _____ _____.

2. Quand on n'a rien d'intéressant à dire, on *parle de la pluie* _____.

3. Paul parle sans arrêt; il *a la langue* _____.

4. Ces dames occupent la ligne depuis une heure! Quand elles se téléphonent, c'est pour *tailler* _____. (fam.)

5. Il vaut mieux s'exprimer sans détours que de *tourner* _____.

6. Le médecin hésitait à se prononcer; finalement, nous l'avons *mis* _____.
7. Quand on est fatigué de chercher une réponse trop difficile à trouver, on finit par *donner*
   _____.

8. Nous allions faire une grande surprise à mon père, mais ma mère a *vendu* _____
   _____.

9. Quand les gens se querellent, il ne faut pas *verser de l'huile* _____.
10. Les étudiants ne savaient jamais quel travail ils devaient faire. Un jour, le professeur leur a
    mis les points _____.

3 Répondez à chaque question par une phrase qui contiendra une locution idiomatique; notez «fam.» si la locution employée est familière.

   MODÈLE: Que dit-on de quelqu'un qui en parlant passe d'un sujet à un autre sans ordre logique?
   Il parle à bâtons rompus.

Que dit-on de quelqu'un qui
1. observe les règles de l'étiquette?
2. dit des paroles franches et brutales?
3. parle sans réfléchir?
4. se met dans une colère violente? (littér.)
5. s'impose de ne pas parler?
6. s'excuse parce qu'il a tort?
7. dit poliment bonjour à son hôtesse?

Que dit-on de deux personnes qui
8. disent des choses de plus en plus amusantes et spirituelles?
9. se disent quelques vérités pour mettre fin à une querelle?
10. s'amusent à se poursuivre par plaisir?

4 Traduisez en employant une locution idiomatique dans chaque phrase. (Notez que la mention «fam.» indique que la locution demandée appartient au style familier.)

1. This young man is beginning to get on my nerves. (fam.)
2. Last night at my house John made a faux pas. (fam.)
3. Why can't he hold his tongue more often?
4. We promised not to whisper a word of it.
5. Robert and Mary crossed swords this morning. (fam.)
6. He did not watch his tongue.
7. Poor Mary was dumbfounded.
8. Today in class this student did not open his mouth.
9. Some people talk for the sake of talking.
10. Others like to build castles in the air.

5 Sujets de composition ou de conversation: Développez les sujets suivants comme devoir écrit ou exposé oral. Choisissez des locutions idiomatiques qui se rapportent au sujet et employez-les à propos. (Le professeur précisera si les locutions familières sont autorisées ou non.)

1. Vous avez sans doute entendu deux personnes se disputer assez violemment. Racontez.
2. Faites le portrait de quelqu'un qui a le don de la parole. Dans quelles circonstances avez-vous pu observer cette qualité?
3. N'y a-t-il pas parmi vos connaissances quelqu'un qui parle trop et qui vous fatigue? Décrivez son comportement dans deux ou trois occasions différentes.
4. Racontez une soirée agréable passée entre amis où la conversation n'a pas langui.
5. Comparez deux personnes qui vous sont familières: l'une qui ne parle presque pas, l'autre qui est un véritable moulin à paroles. Décrivez une scène.

4 avoir un cœur d'artichaut

1. **avoir un faible pour quelqu'un** (ou **quelque chose**): avoir une inclination, un penchant pour lui *have a soft spot for someone* (or *something*)
2. **faire des avances à quelqu'un** *make approaches to someone*
3. **tourner autour de (une jeune fille)**: fréquenter, courtiser (une jeune fille) *go around with (a girl)*
4. **avoir un cœur d'artichaut**: être inconstant en amour; être volage *be fickle*
5. **pleurer comme une Madeleine**: pleurer abondamment *cry like a baby*; *cry a river*
6. Cf. **pleurer toutes les larmes de son corps** *cry one's eyes out*
7. **avoir rendez-vous (avec quelqu'un)** *have a date (with someone)*
8. **poser un lapin à quelqu'un** (fam.): ne pas venir à un rendez-vous *stand someone up* (informal)
9. **s'amouracher de quelqu'un**: avoir pour lui une passion soudaine et passagère *be infatuated with someone*
10. **couper les vivres à quelqu'un**: cesser de lui donner de l'argent *cut off someone's allowance*
11. **conter fleurette à une jeune fille**: flirter avec elle; lui dire de gentilles choses *whisper sweet nothings in a girl's ear*
12. **(faire) tourner la tête à quelqu'un**: lui faire perdre le sens des réalités *make someone lose his (her) senses*
13. **aimer quelqu'un à la folie**: l'aimer passionément *love someone to distraction*
14. **tenir à quelqu'un comme à la prunelle de ses yeux**: l'aimer; lui être attaché par-dessus tout *be the apple of someone's eye* lit. *care for someone as the pupil of one's eye*

6 Le Flirt

Sentiments Fréquentations Marlage

Pierre **a un faible** pour Nicole; il ne va pas tarder à lui **faire des avances**.

Robert **tourne autour** de ma cousine depuis des semaines. C'est dommage qu'elle se soit attachée à lui; elle, elle est sérieuse, mais lui, il **a un cœur d'artichaut**.

Hier soir, elle **pleurait comme une Madeleine**:[1] elle **avait rendez-vous** avec lui, et il lui a **posé un lapin** (fam.) encore une fois.

Ce garçon est incurable; récemment, il **s'est amouraché** d'une autre fille. Cette fois-ci, son père en a assez, il lui a **coupé les vivres**.

Claire aime bien se laisser **conter fleurette**, mais ça ne lui **fait** pas **tourner la tête**; faites-lui confiance.

René **aime** Jocelyne **à la folie**; je crois qu'il **tient** à elle **comme à la prunelle de ses yeux**.

---

[1] Allusion à sainte Marie-Madeleine qui pleurait pour faire pénitence.

15. **faire la paix** : se réconcilier *make up*

16. **Mon petit doigt me l'a dit** : Je le sais mystérieusement *A little bird told me so*

17. **faire de l'œil à quelqu'un** *make eyes at someone*

18. **demander sa main à une jeune fille** *ask for a girl's hand*

19. **être** (ou **tomber**) **follement amoureux** (**de quelqu'un**) *be* (or *fall*) *madly in love* (*with someone*)

20. **vivre d'amour et d'eau fraîche** : ne pas avoir de ressources matérielles pour la vie de tous les jours *live on love alone*

21. Cf. **vivre de l'air du temps** *live on nothing*

22. **s'entendre comme chien et chat** : mal s'accorder *get along like cats and dogs*

23. **fendre** (ou **briser**) **le cœur à quelqu'un** : lui causer une peine profonde *break someone's heart*

24. **faire des infidélités à quelqu'un** : ici, avoir des relations amoureuses avec une autre personne *cheat on someone* Aussi (récipr.), **se faire des infidélités** (**l'un à l'autre**) *step out on each other*

25. **passer l'éponge sur quelque chose** : l'oublier et pardonner *make a clean slate of it*; *let bygones be bygones* lit. *pass the sponge over something*

26. **avoir un bandeau sur les yeux** : ne pas voir ce qui est très visible *be blind* (*to something*)

27. **une fille de mœurs dissolues** (ou **de mauvaises mœurs**) : une prostituée *a woman of easy virtue*

28. Cf. **une fille de joie** *a streetwalker*

29. **avoir un air de ne pas y toucher** (ou **n'avoir pas l'air d'y toucher**) (fam.) : paraître innocent mais agir différemment *put on innocent airs*

30. **mener une vie de bâton de chaise** : avoir une vie agitée; être débauché *lead a wild life* lit. *lead the life of a pole for a* (*portable*) *chair*

31. **le coup de foudre** *love at first sight* Aussi, **avoir le coup de foudre** (**pour quelqu'un**) : tomber amoureux à première vue et de façon irrésistible *fall in love* (*with someone*) *at first sight*

32. **ne pas faire long feu** : être de courte durée; ici, *not stand a chance*

33. **être un coureur** (**de filles**) : courtiser, rechercher les filles *be a girl chaser, a girl watcher*

34. **se mettre un fil à la patte** (fam.) : se mettre dans une situation qui fait perdre la liberté de ses activités *get tied down*; *get trapped* lit. *tie a string to one's leg*

35. **courir le cotillon** (ou **le jupon**) (littér.) : courir les filles (voir ci-dessus) *be a womanizer*

36. **avoir le diable au corps** (fam.) : se laisser emporter par ses passions *be a Don Juan*

37. **faire une fugue** (ou **une escapade**) : quitter sa résidence habituelle sans permission *run away from home*

38. **noircir la réputation de quelqu'un** : le déshonorer *smear, ruin someone's reputation*

Ils se sont disputés° le week-end dernier, mais ils ont vite **fait la paix.** Les fiançailles° sont pour bientôt, c'est **mon petit doigt** qui me l'a dit.

se disputer
quarrel
engagement

Tout le monde voit bien que Max **fait de l'œil** à Colette toute la journée. Il a sans doute l'intention de lui **demander sa main.**

Ils **sont follement amoureux** l'un de l'autre; ils voudraient bien se marier, mais ils n'ont pas de situation°, et on ne peut pas **vivre d'amour et d'eau fraîche.**

livelihood

Ces deux-là **s'entendaient comme chien et chat.** Un beau jour, il l'a quittée° et il lui a **fendu°** le cœur.

quitter *abandon/*
fendre lit. *split*

Pendant des mois, Henri et Simone **se sont fait des infidélités;** chacun allait de son côté; puis, ils ont **passé l'éponge.**

Il faut **avoir un bandeau°** sur les yeux pour ne pas se rendre compte que Lisette est **une fille de mœurs dissolues.**

blindfold

Avec **son air de ne pas y toucher** (fam.), elle trompe° beaucoup de gens, et pourtant elle **mène une vie de bâton de chaise.**[2]

tromper *mislead*

Attention aux **coups de foudre°,** mon garçon, ils **s'émoussent°** avec le temps. A mon avis, si tu épouses cette fille, ton mariage **ne fera pas long feu.**

coups... lit.
thunderbolts
s'émousser *pass*

Les coureurs de filles foisonnent° parmi les hommes jeunes, mais beaucoup hésitent à **se mettre un fil à la patte** (fam.).[3]

foisonner *abound*

Courir le cotillon serait assez pardonnable, **avoir le diable au corps** (fam.) est beaucoup plus compromettant°.

incriminating

Sylvie a eu le malheur de **faire une fugue** dans sa jeunesse; cela a suffi pour **noircir sa réputation.**

---

[2] Allusion aux bâtons des anciennes chaises à porteur, qui servaient à porter les chaises. On mettait les bâtons toutes les fois qu'un passager montait dans la chaise et on les sortait pour le laisser descendre.
[3] Pour empêcher un oiseau de s'envoler, on lui attache une patte avec un fil.

39. **jeter de la poudre aux yeux (de quelqu'un)**: chercher à créer une illusion pour ne pas laisser voir la vérité *put up a false front*; *pull the wool over someone's eyes*

40. **bras dessus, bras dessous**: en se donnant le bras *arm in arm*

41. **être coiffé de quelqu'un** (fam.): avoir pour une personne un attachement irraisonné *be head over heels in love with someone*

42. **faire du boniment (à quelqu'un)** (fam.): dire adroitement des choses flatteuses pour charmer une personne *talk a good game* (colloq.); *hand someone a line* (colloq.)

43. **en pincer pour quelqu'un** (fam.): être amoureux d'une personne *fall for someone* (informal)

44. **C'est une autre paire de manches** (fam.): C'est quelque chose de très différent et bien plus difficile *That's something else again*; *That's a horse of a different color* (colloq.)

45. **faire tapisserie** (se dit des filles): ne pas être invitée à danser *be a wallflower*

46. **avoir le béguin pour quelqu'un** (fam.): en être amoureux *have a crush on someone* (colloq.)

47. **Ce n'est pas de la frime** (fam.): C'est du sérieux *It's the real thing* (informal)

48. **fonder un foyer (avec quelqu'un)**: fonder une famille *start a family* (*with someone*)

49. **taper dans l'œil à** (ou **de**) **quelqu'un**: lui plaire vivement *catch someone's eye*; *take someone's fancy*

50. **faire les premiers pas**: faire les premières avances *make the first move*

51. **y regarder à deux fois**: réfléchir longuement à l'avance *think twice*

52. **mettre la puce à l'oreille à** (ou **de**) **quelqu'un**: lui donner de grands doutes *put a bug in someone's ear* lit. *put the flea in someone's ear*

53. **avoir une liaison (avec quelqu'un)**: avoir des relations avec une personne mariée *have an affair* (*with someone*)

54. **faire de l'esbrouf(e)** (fam.): prendre de grands airs pour se donner de l'importance *put on the dog* (informal)

55. **faire la cour à quelqu'un** *court someone*

56. **découvrir le pot aux roses**: découvrir le mystère, le secret d'une affaire irrégulière ou illégale *find someone out*; *uncover the mystery*

57. **ne (pas) savoir sur quel pied danser** (fam.): ne pas savoir que faire à cause de l'attitude ambiguë d'une autre personne *not know if one is coming or going*; *not know which way to turn*

58. **faire des mamours à quelqu'un** (fam.): le flatter; lui faire des caresses *play up to someone* (informal)

59. **envoyer quelqu'un au diable**: l'envoyer promener *send someone packing*

60. **porter (ou élever) quelqu'un aux nues**: faire sur lui des compliments excessifs *praise someone to the skies*

61. **en avoir le cœur net**: savoir exactement ce qui se passe; ne pas rester dans le doute *clear something up in one's mind*; *know what's what*

62. **mettre le grappin sur quelqu'un** (fam.): le monopoliser; se l'approprier *get one's hands on someone*; *hook someone* (informal)

63. **ne pas faire mystère de quelque chose** *make no secret of something*

64. **se faire désirer** (fam.): faire attendre impatiemment sa présence ou ses faveurs *play hard to get* (colloq.)

65. **Ce n'est pas son genre (de)**: Ce n'est pas dans sa nature *He is not the type* (*to*)

66. **se plier aux fantaisies de quelqu'un**: accepter, se soumettre à ses caprices *give in to someone's whims*

Pour **jeter de la poudre°** **aux yeux** de leurs amis, ils se sont promenés toute la soirée **bras dessus, bras dessous** malgré leur mésentente°.

lit. powder

differences

Maurice **est** littéralement **coiffé** (fam.) de Monique, mais c'est une personne un peu froide à laquelle il n'est pas facile de **faire du boniment°** (fam.).

coaxing

Ce n'est pas trahir° un secret de dire qu'ils **en pincent** (fam.) l'un pour l'autre. Se marieront-ils? **C'est une autre paire de manches°** (fam.).

betray

lit. sleeves

Il était un temps où Anne **faisait tapisserie** quand elle allait au bal. Maintenant, elle danse surtout avec Paul, et il **a le béguin** (fam.) pour elle.

Son béguin pour elle **n'est pas** du tout **de la frime°** (fam.);[4] il est tout à fait décidé à **fonder un foyer°** avec elle.

sham

lit. hearth

Que Maryse lui ait **tapé dans l'œil** ne fait aucun doute, mais Charles **n'ose°** pas encore **faire les premiers pas°**.

Avant de l'épouser, il va **y regarder à deux fois**; elle a du charme, mais on lui a **mis la puce à l'oreille** quant à° sa conduite.

oser dare / steps

quant... regarding, about

Depuis qu'elle **a une liaison** avec un homme politique connu, Myriam **fait de l'esbroufe** (fam.);[5] elle devient détestable!

Le patron° **fait la cour** à Odile dans le plus grand secret; c'est le comptable° qui a **découvert le pot aux roses**![6]

employer, boss

bookkeeper

Le pauvre Christophe **ne sait pas sur quel pied danser**: tantôt sa fiancée lui **fait des mamours** (fam.), tantôt elle l'**envoie au diable**.

Les uns disent que c'est un démon, les autres la **portent aux nues**; j'aimerais bien **en avoir le cœur net**.

Suzanne aurait bien voulu **mettre le grappin°** (fam.) sur son directeur; elle **n'en fait pas mystère**.

lit. grappling iron

Elle croyait l'attirer en **se faisant désirer** (fam.); elle a eu tort. Tout le monde sait bien que **ce n'est pas son genre** de **se plier aux fantaisies** des femmes.

[4] Le mot **frime** ne s'emploie que dans des locutions.
[5] **Esbroufe**: mot du 19ème siècle, d'origine provençale.
[6] Prononcé avec liaison obligatoire du **t** de **pot**. Allusion possible aux pots de fleurs dans lesquels les belles cachaient les billets doux de leurs admirateurs.

67. **trouver chaussure à son pied** (fam.): trouver la personne qui vous convient bien *find one's match*

68. **(s')acheter une conduite** (fam.): adopter une meilleure ligne de conduite; être plus rangé que par le passé *turn over a new leaf*

69. **avoir des vues sur quelqu'un**: ici, avoir des intentions sérieuses sur une personne; penser à l'épouser *be serious about someone*

70. **faire** (ou **mener**) **la vie dure à quelqu'un** (fam.): lui rendre la vie difficile, peu heureuse *make someone's life difficult*

71. **se laisser mener par le bout du nez**: exécuter docilement les ordres donnés par quelqu'un d'autre *be led by the nose*

72. **faire les quatre volontés de quelqu'un**: être dominé par une personne; satisfaire tous ses caprices, ses désirs *do someone's bidding*; ici, *be henpecked* (informal)

73. **la lune de miel** *honeymoon*

74. **un bonheur sans nuages**: une félicité parfaite *complete happiness*

75. **un bonheur sans mélange**: une félicité pure, complète *pure bliss*

76. **vivre sa vie**: être libre; vivre à sa façon *live one's own life*

Maintenant qu'il a **trouvé chaussure° à son pied** (fam.), André *shoe*
s'est acheté une conduite (fam.): il est devenu sérieux, enfin!

Georges **a des vues** sur Eliane; pourtant, elle n'est pas très
aimable, et elle lui **mène la vie dure** (fam.).

M. Bonnel **se laisse mener par le bout° du nez**; il passe une *tip*
bonne partie de son temps à **faire les quatre volontés** de sa femme.

Depuis vingt ans que mon oncle et ma tante sont mariés, leur
lune de miel dure toujours. Ils connaissent vraiment **un bonheur sans
nuages°**. *clouds*

Les Dupont ont connu **un bonheur sans mélange°** pendant *sans... unalloyed*
plusieurs mois; puis, elle est partie sans raison apparente, «pour
vivre ma vie», a-t-elle dit.

Exercices

1 Complétez les phrases suivantes, selon le sens, en employant les locutions qui figurent
dans la colonne de droite. Mettez chaque locution donnée à l'infinitif à la forme qui
convient.

MODÈLE: 1. Arthur va bientôt se marier avec Josette; il est allé voir ses parents et a
demandé sa main.

2. Son père lui a dit: «Tu as raison, mon fils, et tâche de rester   **a)** faire du boniment
sérieux, de ne pas continuer à _____.»   **b)** bras dessus, bras
3. Pour ma part, j'ai bien peur que le ménage _____   dessous
_____; ils ne semblent pas faits pour s'entendre.   **c)** couper les vivres
4. En attendant, ils ne se quittent pas. Ils se promènent toujours   **d)** faire des infidélités
dans la rue _____.   **e)** demander la main

5. Hubert et Monique sont fiancés depuis deux ans déjà, mais ils ne se marient pas parce qu'ils n'ont pas de situation, et on ne peut pas _____.

6. Ils comptaient sur une aide de leurs parents. Devant leur insouciance, ceux-ci ont refusé et ils leur ont _____.

7. Ils sont bien gentils pourtant et s'entendent bien. Cela ne suffit pas, malheureusement, à l'époque actuelle pour _____ _____.

8. Vivre tranquillement en amoureux est une chose, affronter les difficultés de la vie _____.

9. Claire n'est pas sérieuse; elle _____ à son mari quand celui-ci est en voyage.

10. Il l'a appris, et après une scène violente, devant ses pleurs et ses promesses de ne pas recommencer, il _____ encore une fois.

11. Méfiez-vous de Robert, jeunes filles. C'est un garçon sympathique et attrayant, mais pas sérieux; il _____ à toutes les femmes.

12. Ne le laissez pas _____ sur vous, sinon vous ne serez qu'une de plus dans sa collection.

f) ne pas faire long feu
g) mettre le grappin
h) courir le cotillon
i) fonder un foyer
j) vivre d'amour et d'eau fraîche
k) être une autre paire de manches
l) passer l'éponge

2 Complétez chaque phrase en donnant la forme correcte de la locution idiomatique suggérée.

1. Ma sœur a une grande admiration pour son mari. Tout ce qu'il fait est bien à ses yeux; elle *est* _____ de lui.

2. Nous sommes ainsi dans la famille. Ma tante a une vraie passion pour son mari; elle l'*aime à* _____.

3. Mon cousin, par contre, n'est pas fidèle. Il va tantôt avec l'une, tantôt avec l'autre; il *a un cœur* _____.

4. Mes voisins sont tout le temps en train de se disputer; ils ne s'entendent pas bien, ils *s'entendent* _____.

5. Marie croyait que son mari s'intéressait à une autre femme. En le surveillant, elle a *découvert* _____.

6. C'est pour cela que très souvent elle lui fait des reproches; croyez-moi, elle lui *mène* _____ _____. (fam.)

7. Jusqu'à présent, dans l'ensemble, tout cela ne s'est pas mal passé. Il a promis de bien se conduire et ils ont fini par *faire* _____.

8. André fréquente ma nièce depuis deux ans. Il veut vraiment l'épouser; il *tient à elle comme* _____.

9. Il a peur qu'elle aime un autre jeune homme. C'est un de ses amis qui le lui a dit et qui lui a *mis la puce* _____.

10. Un jour elle est désagréable avec lui, le lendemain elle est très gentille; il *ne sait pas sur* _____. (fam.)

3 Répondez à chaque question par une phrase qui contiendra une locution idiomatique ; notez « fam. » si la locution employée est familière.

MODÈLE : Que dit-on de quelqu'un qui s'occupe beaucoup d'une jeune fille, est gentil, prévenant avec elle, cherche à l'inviter, à sortir ?
Il tourne autour d'elle.

Que dit-on de quelqu'un qui
1. essaie de charmer une jeune fille en lui disant des choses aimables ?
2. ne remarque que les qualités de quelqu'un et ne voit pas ses défauts ?
3. s'amuse follement jour et nuit en se moquant du reste ?
4. dit toujours des choses très flatteuses d'une autre personne ?
5. cherche à donner une fausse impression de lui-même aux gens qui l'entourent ?
6. cède à ses passions ou à ses amours d'une façon véhémente ?
7. trouve une jeune fille plaisante sans avoir de sentiment très profond pour elle ?
8. découvre une personne qui répond exactement à ce qu'il désirait ?

Que dit-on de deux personnes qui
9. vivent une période de parfaite entente et harmonie ?
10. partent de chez leurs parents pour être libre ?

4 Traduisez en employant une locution idiomatique dans chaque phrase. (Notez que la mention « fam. » indique que la locution demandée appartient au style familier.)

1. I know that you are going to get married ; a little bird told me so.
2. When I met my husband, it was love at first sight.
3. She is not the type to talk about her friends' secrets.
4. Believe me, I'm not going to be led by the nose.
5. Mary was so happy to have a date with Robert last night.
6. She didn't think that he would stand her up. (fam.)
7. When I came home, she was crying like a baby.
8. My brother says he won't get married because he doesn't want to get tied down. (fam.)
9. This is probably not true. But he will think twice before he decides which girl to marry.
10. He is now dating a very attractive girl.

5 Sujets de composition ou de conversation : Développez les sujets suivants comme devoir écrit ou exposé oral. Choisissez des locutions idiomatiques qui se rapportent au sujet et employez-les à propos. (Le professeur précisera si les locutions familières sont autorisées ou non.)

1. Votre jeune frère a le béguin pour une jeune fille et il vous en parle. Vous lui donnez quelques conseils.
2. Votre frère aîné, lui, va bientôt se marier. Il n'est pas sûr que sa fiancée soit l'idéal pour lui. Il vous donne son point de vue.
3. Henri et Jeanne sont sur le point de divorcer. Quelles en sont les raisons ?
4. Votre meilleure amie vous explique pourquoi elle est contre le mariage. Discutez.
5. Vous connaissez sans doute un couple marié depuis longtemps et très heureux. Comment se sont-ils connus et comment font-ils durer leur bonheur ?

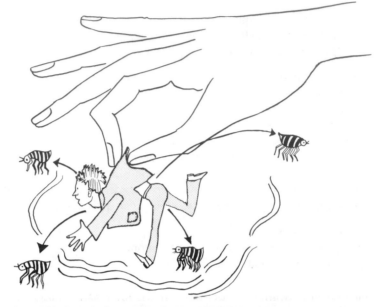

50 secouer les puces à quelqu'un

1. **avoir la bougeotte** (fam.): ici, aimer voyager, ou changer de place, fréquemment *not be able to stay put* (informal)
2. **(être toujours) par monts et par vaux**: ici, de tous côtés, toujours en route *on the move*; *up hill and down dale*
3. **être pantouflard** (fam.): préférer rester à la maison; ne pas aimer les risques des déplacements *be a homebody, a stay-at-home*
4. **C'est la croix et la bannière** (fam.): Il n'y a rien de plus difficile à accomplir *It's like trying to move a mountain* (informal); *It's like pulling teeth* (informal)
5. **faire une randonnée**: faire une promenade assez longue (à pied, en voiture, à bicyclette, etc.) *go for an outing (for a walk, a drive, a bike ride, etc.)*
6. **regagner ses pénates** (fam.): rentrer à la maison *head for home*; *go back to the homestead*
7. **au chant du coq**: au lever du jour; au point du jour *at cockcrow*
8. Cf. **au petit matin** *at the crack of dawn*
9. **brûler les étapes**: aller vite et ne pas s'arrêter comme on le fait normalement *drive straight through*; *go nonstop* lit. *burn (skip) the stops*
10. **à la nuit noire**: en pleine nuit *in the dead of night*
11. **le marché aux puces** *the flea market*
12. **par acquit de conscience**: pour n'avoir aucun regret, de peur de manquer une occasion *for conscience' sake*

7 Les Vacances

Voyages   Montagne   Mer

A notre époque, les gens de la ville **ont la bougeotte** (fam.); ils **sont toujours par monts et par vaux.**[1]

Ceux de la campagne, au contraire, **sont pantouflards**[2] (fam.); ils préfèrent rester chez eux dans leur petit patelin° (fam.). Pour les faire voyager, **c'est la croix et la bannière** (fam.).[3]   *village*

Moi, j'aime bien **faire une randonnée** en voiture de temps à autre°, mais c'est avec joie que je **regagne mes pénates** (fam.).[4]   *de... from time to time*

Nous avons pu faire le voyage en un seul jour, mais nous sommes partis **au chant du coq** et, en **brûlant les étapes°**, nous sommes arrivés **à la nuit noire.**   *halting places*

On nous avait vanté° **le marché aux puces** pour ses curiosités. Nous y sommes allés **par acquit de conscience**, mais nous n'y avons rien vu de curieux.   *vanter recommend highly*

---

[1] Le mot **vaux**, pluriel de **val** (*valley*), n'existe que dans cette locution.
[2] Ils aiment tellement leurs pantoufles (*slippers*) qu'ils préfèrent rester à la maison que de mettre des souliers pour sortir.
[3] Allusion à une procession religieuse en grand apparat où les gens défilent en bon ordre, précédés de la croix du Christ et de la bannière de la Vierge.
[4] Chez les Romains, les pénates étaient des dieux domestiques protecteurs de la maison, de la cité.

13. **au gré du hasard**: en se laissant aller au hasard *aimlessly*; *haphazardly*
14. **une boutique bien achalandée**: un petit magasin offrant un grand choix de choses à acheter *a well-stocked shop*
15. **retenir sa place** *reserve a seat*
16. **être en règle** *be in order*
17. **ruminer un projet**: tourner et retourner un projet lentement dans sa tête *mull over a project*
18. **(renvoyer) à la saint-glinglin** (fam.): (retarder) à une date lointaine et non déterminée, c'est-à-dire, peut-être jamais *(postpone) indefinitely*
19. Cf. **quand les poules auront des dents** (fam.) *till the cows come home* (colloq.) lit. *when hens grow teeth*
20. **aller se balader** (fam.): aller se promener (à pied, en voiture, à bicyclette, etc.) *go out (for a walk, a drive, a bike ride, etc.)*
21. Cf. **aller en balade** (fam.): aller en promenade *go for a jaunt*
22. **faire la navette**: aller et venir d'un lieu à un autre, toujours les mêmes *go back and forth*; *commute*
23. **partir à la découverte**: partir pour explorer, sans destination précise *go exploring*
24. **prendre le chemin des écoliers** (fam.): choisir la route la plus longue *take a roundabout way*; *go the longest way around* lit. *take the schoolboys' route*
25. **(aller) se mettre au vert** (fam.): aller à la campagne pour se reposer
26. **sous d'heureux auspices**: dans les conditions les plus favorables *auspiciously*
27. **finir en queue de poisson**: se terminer sans arriver à une conclusion satisfaisante *fizzle out* (informal)
28. **sauf cas de force majeure**: excepté dans le cas d'une obligation absolue *except in a case of absolute necessity*
29. **être vert de peur**: avoir très peur *be scared stiff* lit. *be green with fear*
30. **un pays de cocagne**: une région, plus ou moins imaginaire, où règnent l'abondance et la joie *a wonderland*; *a land of plenty*
31. **C'est au diable vert** (fam.): C'est très loin *It's miles from nowhere*
32. **à vol d'oiseau** *as the crow flies*
33. **un voyage au long cours**: ici, un très long voyage *an endless journey*

Nous allions dans les rues **au gré°** du hasard; puis, nous sommes entrés dans **une boutique bien achalandée** pour acheter quelques jolis souvenirs.

whim

Ma nièce avait **retenu sa place** dans l'avion; puis, au dernier moment, elle n'a pas pu partir: ses papiers n'**étaient** pas **en règle**.

C'est un beau voyage que nous n'avons pas encore fait. Nous avions **ruminé° le projet**[5] durant tout l'hiver; puis, la maladie de ma mère nous l'a fait **renvoyer à la saint-glinglin** (fam.).[6]

ruminer ruminate

Aller se balader (fam.) en voiture est bien agréable; **faire la navette°** matin et soir pour **se rendre°** à son travail l'est moins!

lit. shuttle / se... go

Partir à la découverte en **prenant le chemin des écoliers** (fam.) sans autre intention que d'**aller se mettre au vert** (fam.). Quel beau programme!

Il faisait beau, pas trop chaud, la promenade avait commencé **sous d'heureux auspices**; un violent **orage°** l'a fait **finir en queue de poisson°**.

storm

fish

Sauf cas de force majeure, c'est bien la dernière fois que je fais monter ma fille en avion. Dès qu'elle est **à bord°**, elle **est verte de peur**!

à... on board

Où aller en vacances? Nous pourrions vous indiquer un **endroit°** qui est **un** vrai **pays de cocagne**;[7] malheureusement, il faut avoir le temps d'y aller: **c'est au diable vert** (fam.)![8]

place

A vol d'oiseau, ce n'est pas trop loin; mais si vous prenez la **route°**, c'est **un voyage au long cours**![9]

highway

---

[5] Comparaison avec la façon lente de manger et de digérer des animaux herbivores—les bœufs, par exemple.
[6] Le calendrier catholique fait mention du nom d'un saint pour chaque jour. Mais, étant donné qu'il n'a jamais existé de saint appelé Glinglin, ce nom n'indique aucune date de l'année.
[7] Un fabliau du 13ème siècle porte cette locution comme titre. L'auteur y décrit un pays de merveilles.
[8] **Vert**: altération familière du nom du Château de Vauvert, résidence de campagne de Philippe Auguste. Quand il fut excommunié, on pensa que ce château était hanté par le démon.
[9] Terme maritime qui signifie un voyage de très longue durée.

34. **à peu de frais** : pas cher *at little cost* ; *inexpensively*

35. **à des prix forfaitaires** : à des prix fixés par avance, d'habitude avantageux cf. *at very reasonable rates*

36. **hors de prix** : à des prix exorbitants cf. *overpriced*

37. **prendre la poudre d'escampette** (fam.) : partir très vite *take to one's heels* ; *run away*

38. **plier bagage** (fam.) : se préparer à partir *pack up bag and baggage* (informal)

39. **régler la facture** : payer l'addition, la note *settle the bill*

40. Cf. **payer la douloureuse** (fam.) *pay for the damages* (informal) lit. *pay the one that hurts*

41. **se moquer du monde** : essayer de tromper, de désillusionner les gens

42. **tirer sa révérence (à quelqu'un)** : partir sans faire de politesses cf. *turn on one's heels* lit. *make a bow* (ironical)

43. **accueillir quelqu'un à bras ouverts** : le recevoir très gentiment et chaudement *welcome someone with open arms*

44. **prendre congé (de quelqu'un)** : dire au revoir au moment de partir *take leave (of someone)*

45. **avoir les larmes aux yeux** *have tears in one's eyes*

46. **aller faire du camping** *go camping*

47. **coucher sur la dure** (fam.) : coucher sur la terre, sans lit *rough it*

48. **partir (ou aller) à l'aventure** : partir sans avoir de plans *go aimlessly*

49. **faire de l'auto-stop** *hitchhike*

50. **secouer les puces à quelqu'un** (fam.) : le réprimander fortement *read someone the riot act* lit. *shake the fleas off someone*

51. **jeter l'argent par les fenêtres** (fam.) *throw money out the window*

52. **dans un rayon de (… kilomètres)** *for a radius of (… kilometers)*

53. **le revers de la médaille** : l'autre côté, moins avantageux *the other side of the coin* ; *the dark side of the picture*

54. **à la queue leu leu** : l'un derrière l'autre *in Indian file*

55. **faire le pied de grue** : attendre longtemps, debout et sans bouger *cool one's heels* (informal) lit. *do like the feet of a stork*

Il est de plus en plus difficile de passer ses vacances **à peu de frais**. On y arrive cependant; dans certaines régions, on trouve encore des pensions complètes° **à des prix forfaitaires**.

pensions... *room and board*

La région où nous sommes allés l'an dernier est admirable, mais les hôtels sont **hors de prix**. Nous avons préféré **prendre la poudre d'escampette** (fam.).[10]

Le moment est venu de **plier bagage** (fam.); ce n'est pas gai, mais plus triste encore est qu'il faut **régler la facture**!

«Confort moderne», annoncent-ils dans cet hôtel. Ils **se moquent du monde**! Dès le second jour, je leur ai **tiré ma révérence**.

Nous avons logé chez des amis intimes qui nous ont **accueillis à bras ouverts**. L'heure de **prendre congé** est venue si vite qu'en partant j'avais **les larmes° aux yeux**.

tears

Je sais bien que c'est la mode d'**aller faire du camping**, mais moi, je préfère un bon hôtel; je n'aime pas **coucher sur la dure** (fam.).

Je ne suis pas de ces gens qui rêvent° de **partir à l'aventure** sans autre moyen° de se déplacer que de **faire de l'auto-stop**.

rêver *dream* *means*

Quand Michel est rentré de vacances, il n'avait plus un sou°. Son père lui a **secoué les puces** (fam.); il lui a demandé s'il n'allait pas cesser de **jeter l'argent par les fenêtres** (fam.).

penny

De ce sommet, le point de vue est magnifique, mais **dans un rayon°** de cent **kilomètres**, on ne trouve ni un hôtel, ni un poste d'essence°: c'est **le revers de la médaille**.

radius

poste... *gas station*

Nous étions plus de trente **à la queue leu leu**[11] en train de **faire le pied de grue** pour prendre le funiculaire°.

cable car

---

[10] Le mot **escampette**, qui contient la notion de départ rapide, ne s'emploie que dans cette locution, elle-même très courante.
[11] Le mot **leu**, aujourd'hui **loup** (*wolf*), est une relique de l'ancien français. La locution reflète la croyance que les loups marchent les uns derrière les autres.

56. **montrer le chemin** ici, *lead the way*

57. **suivre comme des moutons de Panurge**: se laisser conduire docilement, sans réfléchir *follow like sheep*

58. **être à pied d'œuvre**:être sur place pour le travail, ici, pour une dure tâche *be on the site*

59. **tourner les talons**: partir *turn on one's heels (and go)*

60. **laisser quelqu'un en plan** (fam.): le laisser; l'abandonner *let someone down*; *walk out on someone* (colloq.)

61. **battre en retraite**: se retirer devant l'ennemi; ici, abandonner le groupe *beat a retreat*

62. Cf. **abandonner la partie**: ne pas continuer; être découragé par les difficultés *throw in the sponge*

63. **une diseuse de bonne aventure**: une femme qui prédit l'avenir *a fortuneteller*

64. **Il y a à boire et à manger** (**dans**): Il y a du bon et du mauvais, ici, du vrai et du faux cf. *Take it with a grain of salt*

65. **à perte de vue** *as far as the eye can see*

66. **au bout du monde** *at the edge of the world*

67. **se dorer la peau (au soleil)**: s'exposer au soleil pour avoir la peau brune, couleur d'or

68. Cf. **se faire bronzer au soleil** *get a suntan*

69. **attraper un coup de soleil**: être brûlé par le soleil *get sunburned*

70. **avoir la peau bronzée**: être bruni par le soleil *have a suntan*

71. **prendre un bain de soleil** *sunbathe*

72. **nager comme un poisson**: être excellent nageur *swim like a fish*

73. **boire une tasse** (fam.): boire de l'eau par force en nageant *get a mouthful* (informal)

74. **partir sous d'autres cieux**: s'en aller dans une autre région ou un autre pays

75. **sans espoir de retour** *never to return*

76. **poste restante** *general delivery*

77. **recevoir** (ou **avoir**) **des nouvelles de quelqu'un** *hear from someone*

Pendant l'excursion, le père, devant, très sûr de lui, **montrait le chemin**; derrière, la mère et les enfants **suivaient comme des moutons de Panurge.**[12]

Au bout d'une heure de marche, nous **étions à pied d'œuvre** devant la montée abrupte. Ma sœur, déjà fatiguée, **tourna les talons°**; *heels*
autrement dit, elle nous **laissa en plan** (fam.)!

A mi-chemin du col°, mon frère, à son tour, **battit en retraite.** *pass*
Quel paresseux!

En Espagne on rencontre beaucoup de **diseuses de bonne aventure.** N'y croyez pas: dans ce qu'elles disent, **il y a à boire et à manger.**

Quelle belle plage°! **A perte° de vue**, du sable, une mer de *beach / lit. loss*
sable; on se croirait **au bout du monde!**

Il est bien agréable de **se dorer la peau au soleil**, mais on court le risque d'**attraper des coups de soleil.**

Adeline croit qu'il n'y a rien de plus beau que d'**avoir la peau bronzée.** L'été, elle passe presque tout son temps à **prendre des bains de soleil.**

Bien sûr, Pierre **nage comme un poisson**; de temps en temps, tout de même°, quand une grosse vague° arrive, il **boit une tasse** *tout... just the same / wave*
(fam.) comme les autres!

Fatigué de la vie trépidante° de la ville, M. Leblanc est **parti** *hectic*
sous d'autres cieux°, sans espoir de retour. *skies*

Ecrivez-moi **poste restante** à Marseille; ça me fera plaisir de **recevoir de vos nouvelles.**

---

[12] Allusion au *Pantagruel*, de Rabelais, dans lequel les moutons de Panurge représentent des hommes qui suivent le modèle des autres dans leur conduite et leurs opinions.

Exercices

1 Complétez les phrases suivantes, selon le sens, en employant les locutions qui figurent dans la colonne de droite. Mettez chaque locution donnée à l'infinitif à la forme qui convient.

MODÈLE: 1.   Parcourir tous les jours le même chemin pour se rendre à son travail et pour en revenir, par exemple, c'est **faire la navette**.

2. Vous êtes très gentille de nous inviter à aller vous voir. Nous viendrons sûrement cet été, _____.

3. Quand nous allons nous promener en auto le dimanche, nous choisissons un itinéraire long et peu fréquenté; nous _____ _____.

4. Il est plus reposant de voyager _____ que de s'obliger à un parcours précis et minuté.

5. Parfois on _____ pendant des mois et au dernier moment on est empêché de partir.

6. Mon frère, quand il était jeune, inventait des occasions de partir en voyage; c'est ce que l'on appelle _____ ____.

7. Nous avions bien mangé et bien bu dans ce bon restaurant, mais nous avons fait une grimace au moment de _____ _____.

8. Nos amis nous avaient donné rendez-vous devant la poste. Nous avons passé plus d'une heure à les attendre, à _____ _____.

9. Après avoir roulé pendant deux heures, nous sommes arrivés au bas de la montagne: nous _____ pour commencer l'escalade.

10. Il avait plu pendant plusieurs jours, le site était sans attrait, l'hôtel peu confortable; les touristes sont partis _____ _____.

11. La plupart du temps _____ dans les récits que font les gens de leurs séjours à l'étranger.

12. Dans les prospectus et les annonces publicitaires, nous lisons souvent beaucoup de mensonges ou d'exagérations: on (s'y) _____.

a) au gré du hasard
b) ruminer un projet
c) avoir la bougeotte
d) faire le pied de grue
e) sauf cas de force majeure
f) prendre le chemin des écoliers
g) être à pied d'œuvre
h) il y a à boire et à manger
i) faire la navette
j) se moquer du monde
k) payer la douloureuse
l) sans espoir de retour

2 Complétez chaque phrase en donnant la forme correcte de la locution idiomatique suggérée.

1. Nous avions de l'argent, le temps était beau, la voiture marchait bien; le voyage se présentait *sous* _____.

2. Mais voilà la suite: la voiture est tombée en panne, il a plu sans arrêt pendant deux jours. La randonnée a *fini en* _____.

3. Notre grand-père est toujours d'accord pour partir en excursion; mais il est aussi heureux de *regagner* _____. (fam.)

4. Dans les petits villages, on vit modestement. Il est rare de trouver *une boutique* _____ _____.

5. J'étais persuadé que je ne trouverais pas ma sœur chez elle, mais j'y suis passé quand même *par acquit* _____.

6. J'aime les bons restaurants et les bons hôtels, mais je demande le prix. Il ne faut quand même pas *jeter* _____. (fam.)

7. S'allonger sur le sable après un bon bain est une pratique très agréable, mais attention à ne pas *attraper un* _____.

8. On ne gagne pas bien sa vie dans mon pays, et le climat ne convient pas à ma santé; je vais *partir sous* _____.

9. Nous étions pressés de rentrer: nous avons roulé jour et nuit sans nous arrêter en *brûlant* _____.

10. Ma femme, qui n'aime pas beaucoup la vitesse, se tenait enfoncée dans son siège, *verte* _____.

3 Répondez à chaque question par une phrase qui contiendra une locution idiomatique; notez «fam.» si la locution employée est familière.

MODÈLE: Que dit-on de quelqu'un qui indique la route à prendre si on la lui demande?
Il montre le chemin.

Que dit-on de quelqu'un qui
1. va en exploration dans une région qu'il ne connaît pas?
2. est trop fatigué pour continuer son ascension?
3. fait demi-tour et repart en sens inverse?
4. arrête un automobiliste pour lui demander de le prendre avec lui?
5. s'en va précipitamment?
6. sait très bien nager?
7. va passer ses vacances sous la tente?
8. part sans savoir exactement où il va?
9. voyage beaucoup et souvent sans destination précise?
10. entreprend une traversée en bateau de longue durée?

4 Traduisez en employant une locution idiomatique dans chaque phrase. (Notez que la mention «fam.» indique que la locution demandée appartient au style familier.)

1. I would like my new job if I didn't have to get up at the crack of dawn.
2. This is beautiful country, but it's miles from nowhere. (fam.)
3. Last Sunday our cousins welcomed us with open arms.

84

4. Nothing is perfect; there is always the other side of the coin.
5. We like to go for a drive when the weather is nice.
6. Our country house is fifty miles from here as the crow flies.
7. If you don't like to rough it, then you don't like camping. (fam.)
8. We packed up bag and baggage and went back home. (fam.)
9. For the second time this week my father read me the riot act. (fam.)
10. Some of the things that the fortuneteller said were true.

5 Sujets de composition ou de conversation: Développez les sujets suivants comme devoir écrit ou exposé oral. Choisissez des locutions idiomatiques qui se rapportent au sujet et employez-les à propos. (Le professeur précisera si les locutions familières sont autorisées ou non.)

1. Racontez un voyage ou une randonnée que vous avez faits pendant des vacances.
2. Comment les membres de votre famille aiment-ils passer leurs vacances? Ont-ils des goûts différents?
3. Vous avez sans doute fait un pique-nique à la campagne avec des amis. Avez-vous gardé un bon souvenir de cette journée?
4. Pourquoi croyez-vous que tant de gens aiment aller au bord de la mer? Quels plaisirs y trouvent-ils?
5. Avez-vous quelquefois eu des difficultés pour trouver des hôtels ou des motels à votre convenance pendant vos voyages? Comment avez-vous résolu ces problèmes?

24 botter les fesses à quelqu'un

1. **empoisonner l'existence à quelqu'un**: lui rendre la vie très difficile *make someone's life miserable*
2. **fondre en larmes**: se mettre à pleurer abondamment *dissolve in tears* lit. *melt into tears*
3. **Cf. éclater en sanglots** *burst into tears*
4. **en perdre le boire et le manger** *lose one's appetite over something*
5. **au fur et à mesure que** *in proportion as*; ici, *as (time) goes on*; *as (the days) go by*
6. **Le fossé s'élargit**: Les relations deviennent plus mauvaises *The breach widens*
7. **faire une dépression nerveuse** *have a nervous breakdown*
8. **être à couteaux tirés (avec quelqu'un)**: se disputer ouvertement *be at swords' points (with someone)*
9. **branler dans le manche**: ne pas être solide ou durable *fall apart*; *crack at the seams* lit. *be loose at the handle*
10. **rendre quelqu'un fou** (fem. **folle**) *drive someone crazy*
11. **être couvert de dettes** *be deep(ly) in debt*
12. **être sur la paille**: être sans argent, réduit à la misère *be down to one's last penny*
13. **être poursuivi par une meute de créanciers** *be hounded by one's creditors* lit. *be chased by a pack of creditors*

8 Les Ennuis

Désaccords Difficultés Affaires de police

Mes parents et moi ne nous entendons° plus; cette situation m'empoisonne l'existence. Hier soir, après une dispute, je n'ai pu me retenir de **fondre en larmes.**

J'en perds le boire et le manger, car **au fur et à mesure que**[1] le temps passe, la situation se détériore manifestement.

Le fossé° s'élargit° entre nous à cause de l'intransigeance de mon père; si cela continue, ma mère va **faire une dépression nerveuse.**

Josette et son mari **sont à couteaux tirés**; je crains que leur ménage° ne tienne pas longtemps: il **branle** déjà **dans le manche.**

Elle le **rend fou** par son insouciance° et sa légèreté, et naturellement ils **sont couverts de dettes.**

A l'heure actuelle°, ils **sont** pratiquement **sur la paille°** et **poursuivis par une meute de créanciers.**

s'entendre
get along

lit. *ditch* / **s'élargir**
widen

marriage

unconcern

A... *these days* /
lit. *straw*

---

[1] Le mot **fur,** dont le sens est obscur, ne s'emploie que dans des locutions.

14. **au fond** *deep in one's heart* lit. *at bottom*
15. **se faire de la bile** : être très inquiet *worry oneself sick*
16. Cf. **se faire du mauvais sang** lit. *make bad blood*
17. **pleurer à chaudes larmes** *shed bitter tears*
18. **en désespoir de cause** : après avoir tenté toutes les autres solutions *in desperation*
19. **limiter les dégâts** *limit the damage*; *put an end to the situation*
20. **avoir maille à partir avec quelqu'un** : avoir une difficulté et se disputer avec quelqu'un, souvent pour de petites choses *have a bone to pick with someone*
21. **Il faut que le diable s'en mêle** : La malchance a mal fait tourner les choses lit. *The devil must meddle with this*
22. **aller cahin-caha** (fam.) : aller avec des hauts et des bas *go so-so*
23. **Rien ne va plus** : ici, C'est la fin des bonnes relations *It's all over* cf. *We have come to a parting of the ways* lit. *Nothing goes any longer*
24. **botter les fesses à quelqu'un** (fam.) : lui donner un coup de pied au derrière *kick someone in the pants* (informal) lit. *kick someone's behind*
25. **perdre la boule** (fam.) : perdre la tête ; agir comme un fou *be out of one's mind*
26. **se mettre dans le pétrin** (fam.) : se mettre dans une situation qui causera de grandes difficultés *get oneself into hot water* (colloq.)
27. **donner le cafard (à quelqu'un)** (fam.) : causer de la mélancolie, des idées noires *get someone down* (informal)
28. Cf. **avoir le cafard** (fam.) : être mélancolique pour des raisons vagues *have the blues*
29. Cf. **avoir le vague à l'âme** (littér.) : être triste et mélancolique
30. **se mettre quelqu'un à dos** (fam.) : se faire un ennemi de quelqu'un *be on the outs with someone*; *make an enemy of someone*
31. **s'arracher les cheveux** *tear one's hair out*
32. **Les revers de fortune s'acharnent sur lui** : Ses difficultés financières ne cessent pas *He suffers financial reverses*
33. **mener une vie de chien** (fam.) : avoir une vie malheureuse, difficile, misérable *have a tough time*
34. **manger de la vache enragée** (fam.) : vivre difficilement ; ne pouvoir acheter que le plus indispensable *have a rough time of it*; *barely get by*
35. **mettre quelque chose au clou** (fam.) : le sacrifier pour une petite somme d'argent *pawn something*
36. **être dans la purée** (fam.) : être dans la misère, sans argent *be strapped* (informal)
37. **se faire des cheveux (pour)** (fam.) : être très inquiet, soucieux *be worried sick (about)* (colloq.)
38. **L'argent lui fond dans les mains** : Il dépense énormément d'argent *Money burns a hole in his pocket* lit. *Money melts in his hands*
39. **remonter le moral à quelqu'un** : lui donner du courage ; le mettre dans une disposition plus optimiste *cheer someone up*
40. **prendre quelque chose au tragique** *make a tragedy out of something*
41. **une mauvaise passe à franchir** : une période difficile qui ne sera pas de longue durée Aussi, **franchir la mauvaise passe** *get over the hump*

Au fond, elle se repent d'avoir été si dépensière° et elle **se fait de la bile.** L'autre jour, en nous racontant ses malheurs, elle **pleurait à chaudes larmes.**   *extravagant*

En désespoir de cause, ils divorceront; dans leur situation, c'est sans doute la meilleure façon de **limiter les dégâts.**

Hier nous avons **eu maille à partir**[2] avec notre voisin. Auparavant°, nous étions en assez bons termes; il a **fallu que le diable s'en mêle**!   *before then*

Ces temps derniers, ça **allait cahin-caha** (fam.).[3] Maintenant, **rien ne va plus**[4] avec ce bonhomme°; mon mari parle de lui **botter les fesses** (fam.)!   *fellow*

«Tu **perds la boule**° (fam.)! lui ai-je fait remarquer. C'est une personnalité importante; tu vas **te mettre dans le pétrin**° (fam.)!»   lit. *ball*   lit. *kneading trough*

Cette histoire me **donne le cafard**° (fam.); non que je sois particulièrement sociable, mais je n'aime pas **me mettre** les gens **à dos** (fam.).   lit. *cockroach*

Il y a vraiment de quoi **s'arracher les cheveux** lorsque **les revers de fortune s'acharnent** sur° vous les uns après les autres.   **s'acharner sur** *besiege*

Les Charpentier ont eu des difficultés: ils **mènent une vie de chien** (fam.) depuis plusieurs mois déjà.

Maintenant que Jacques a perdu sa place°, ils **mangent de la vache enragée**° (fam.). Il en a été réduit à **mettre au clou** (fam.) les bijoux° de sa femme.   *job*   **vache**... lit. *rabid cow*   *jewelry*

C'est malheureux d'**être dans la purée** (fam.)! Je **me fais des cheveux** (fam.) pour ce bon camarade, et je l'aide de mon mieux, mais **l'argent lui fond dans les mains**!

J'ai **remonté le moral** à M. Brun, qui tout d'un coup se trouve sans emploi. Lui, avec sa nature optimiste, ne **prend** pas la situation **au tragique.** Il pense que c'est seulement **une mauvaise passe à franchir.**

---

[2] **Partir** a ici son sens latin de «partager», «couper en deux». La maille était la plus petite unité de monnaie au Moyen Age; il était donc impossible de la partager. Vouloir le faire, c'est vouloir chercher querelle.
[3] L'expression **cahin-caha** ne se trouve que dans cette locution.
[4] Formule employée par les croupiers dans les jeux de hasard—à la roulette, par exemple—pour informer les joueurs que les paris (*bets*) sont terminés.

42. **être dans le besoin**: avoir des difficultés financières *be in need*
43. **A quoi bon…?** *What good is it to…?*
44. **se mettre martel en tête**: se faire des soucis, de graves inquiétudes *go out of one's mind with worry*
45. **Il lui arrive une tuile** (fam.): Un événement désagréable lui est arrivé tout d'un coup *The roof fell in on him*
46. **payer les pots cassés**: réparer les dommages *make it good*
47. **être en butte à quelque chose**: être exposé à quelque chose de désagréable *be the butt of something, the object of something*
48. **traîner quelqu'un comme un boulet**: le supporter péniblement comme une lourde charge *carry someone like a dead weight*
49. **se faire du poivre** (fam.): s'inquiéter beaucoup *get oneself worked up* (colloq.)
50. **faire pitié à quelqu'un** *arouse someone's pity* Par exemple, **Il me fait pitié** *I feel sorry for him*
51. **faire la noce**: se débaucher *go on a binge*
52. **fendre l'âme** (ou **le cœur**) **à quelqu'un** *break someone's heart* lit. *split someone's soul*
53. **noyer son chagrin dans l'alcool** *drink to drown one's sorrows* lit. *drown one's sorrow in alcohol*
54. **se retirer sous sa tente**: abandonner la cause que l'on sert; ici, se retirer des affaires *retire to one's tent*; ici, *retire from the field*
55. **tirer le diable par la queue** (fam.): avoir des moyens financiers très limités *be hard up* lit. *pull the devil by the tail*
56. **tremper dans une affaire** (ou **un crime**): jouer un rôle dans une mauvaise action; être complice *have a hand in an illegal act*
57. **un cas pendable**: une faute très grave *a hanging matter*
58. **être pour** (ou **contre**) **la peine capitale** *be for* (or *against*) *capital punishment*
59. **tirer les vers du nez à quelqu'un** (fam.): le faire parler; lui faire dire la vérité *worm secrets out of someone*
60. **prendre quelqu'un sur le fait** *catch someone red-handed*
61. **prendre quelqu'un en flagrant délit** *catch someone in the act*
62. **mettre quelque chose sur le dos de quelqu'un**: ici, charger quelqu'un d'une accusation *pin something on someone*
63. **sans autre forme de procès**: tout simplement *without further ado*

Quand on **est dans le besoin, à quoi bon se mettre martel en tête**?[5] Cela n'arrange° pas les choses, bien au contraire!

arranger *improve*

Il est arrivé une tuile°[6] (fam.) à Maurice: il est accusé par ses patrons d'avoir commis une malhonnêteté. S'il est coupable, il va falloir qu'il **paye les pots cassés.**

roof tile

Georges **est en butte** aux critiques de ses associés qui disent qu'il n'est bon à rien et qu'ils le **traînent comme un boulet.**

Il se fait du poivre (fam.) car leurs relations vont de plus en plus mal. Pourtant°, ce n'est pas un mauvais type (fam.); il me **fait pitié.**

however

Le pire° c'est qu'il **fait la noce**, et il me **fend l'âme** parce qu'il **noie son chagrin dans l'alcool.** Ce n'est pas une solution!

worst

Tôt ou tard°, le moment vient de **se retirer sous sa tente**,[7] même si pour vivre il faut **tirer le diable par la queue** (fam.).

Tôt... *sooner or later*

On dit qu'Eric a **trempé°** **dans cette affaire**; c'est à peu près certain. En tout cas, il s'agit d'un délit° bénin; ce n'est pas **un cas pendable.**

tremper *soak*
misdemeanor

Bien des gens **sont contre la peine capitale.** Ils s'opposent aussi à ce que tous les moyens soient employés pour **tirer les vers du nez** (fam.) à un homme qui n'est peut-être pas coupable°.

guilty

Ce bandit, lui, n'est pas innocent, puisqu'il a été **pris sur le fait** en train de voler° de l'argent. C'est hier qu'il a été **pris en flagrant délit.**

steal

La police avait plusieurs accusations à **mettre sur le dos** de Robert. L'autre jour, les inspecteurs l'ont arrêté **sans autre forme de procès.**

---

[5] **Martel** est l'ancienne forme de **marteau** (*hammer*), employée encore au 17ème siècle. Ce mot ne s'emploie aujourd'hui que dans cette locution que l'on trouve dans le style courant et aussi dans le style littéraire. La locution a un sens figuré: les soucis, les inquiétudes sont comme des coups de marteau dans la tête d'un homme.

[6] Comparaison avec une tuile qui tomberait d'un toit sur la tête de quelqu'un qui passe dans la rue.

[7] Allusion à Achille, dans l'*Iliade*, qui abandonne la cause des Grecs et refuse de sortir de sa tente.

64. **se constituer prisonnier** *turn oneself in*
65. **prendre la clé des champs** : partir ; prendre sa liberté *run away* ; *cut and run* (colloq.)
66. **se faire pincer** (fam.) : être pris, surtout par surprise, et, dans certains cas, être arrêté *get caught*
67. **se brûler la cervelle** : se tuer d'un coup de révolver dans la tête *blow one's brains out*

L'un des deux criminels a eu la sagesse de **se constituer prisonnier**. Son complice, lui, a **pris la clé des champs**, mais la police l'a recherché activement.

Finalement, au moment où il allait **se faire pincer°** (fam.), le misérable **s'est brûlé la cervelle**.

pinch

Exercices

1 Complétez les phrases suivantes, selon le sens, en employant les locutions qui figurent dans la colonne de droite. Mettez chaque locution donnée à l'infinitif à la forme qui convient.

MODÈLE: 1. Quand on se couche très tard le soir, que l'on boit beaucoup d'alcool et que l'on sort avec des femmes, on **fait la noce**.

2. Un prisonnier qui s'échappe d'une prison et réussit à s'enfuir au loin _____.

3. Pas de travail, pas d'amis, aucune solution à l'horizon: je _____ la plus complète.

4. Henri gagne très peu; il ne peut jamais sortir avec ses amis, il est malheureux, il _____.

5. Dupont avait une affaire florissante. Avec la crise économique, il a tout perdu. Maintenant, il n'a pas de travail, il _____.

6. Je commence à _____ pour mon vieux grand-père. Sa santé laisse à désirer depuis quelque temps.

7. Nous avons presque tous des moments difficiles à passer dans la vie, mais le plus souvent ce n'est qu'(une) _____.

8. Suzanne et son frère s'entendaient très bien. Ils se sont disputés pour une question d'héritage; maintenant _____ entre eux.

9. Leur mère en est désespérée. La dernière fois qu'elle m'en a parlé, elle _____.

10. Il est difficile de prendre parti dans ces affaires de famille. Si ce n'est l'un, c'est l'autre, on finit par (se) _____.

11. Je viens de traverser des moments très difficiles. Je n'avais plus d'argent; j'ai dû _____ même ma montre.

12. Il n'avouera sans doute jamais; il répond toujours non. Il n'est pas facile de lui _____.

a) une mauvaise passe à franchir
b) rien ne va plus
c) se mettre quelqu'un à dos
d) mettre au clou
e) prendre la clé des champs
f) mener une vie de chien
g) faire la noce
h) être sur la paille
i) fondre en larmes
j) se faire du poivre
k) tirer les vers du nez
l) être dans la purée

2 Complétez chaque phrase en donnant la forme correcte de la locution suggérée.

1. Mon salaire me permet à peine de vivre. Vraiment, en ce moment, je *mange* _____ _____. (fam.)
2. Pourquoi *se mettre* _____? Nous n'y pouvons rien; c'est l'affaire des avocats maintenant.
3. Elle a eu un accident de voiture, a renversé un piéton et insulté un agent de police. On ne peut davantage *se mettre* _____. (fam.)
4. Bien sûr, elle l'a regretté plus tard. En me le racontant, le soir, à la maison, elle *pleurait* _____.
5. Evidemment, il n'y a pas de quoi *en perdre* _____, mais ça va sûrement nous coûter très cher.
6. Pendant la poursuite, la malfaiteur a tiré à plusieurs reprises sur la police, et au moment d'être pris, il *s'est brûlé* _____.
7. Les affaires de mon oncle vont de plus en plus mal. Il s'en sortira peut-être, mais ça *branle* _____.
8. Cette situation le désespère, et le pire c'est que pour ne pas trop y penser, il *noie* _____.
9. Je lui ai dit: «Tu n'as qu'à mettre ton magasin en vente et reprendre ton ancien métier *sans autre forme* _____.»
10. Il vaut mieux un emploi sûr chez les autres que de *tirer le diable* _____ (fam.) à son propre compte.

3 Répondez à chaque question par une phrase qui contiendra une locution idiomatique; notez «fam.» si la locution est familière.

MODÈLE: Que dit-on de quelqu'un qui après avoir commis un méfait va se rendre à la police?
Il va se constituer prisonnier.

Que dit-on de quelqu'un qui
1. se trouve devant une difficulté soudaine, très grande et presque impossible à surmonter?
2. ne sait pas réagir contre les soucis et en est presque malade?
3. est couvert de dettes et qui reçoit des demandes de remboursement?
4. se fait surprendre par la police au moment où il effectue un cambriolage?
5. est à plaindre à cause de sa mauvaise santé ou de ses difficultés?
6. agit en dépit du bon sens, sans penser aux conséquences?
7. sans raison précise, paraît triste et accablé?
8. manque d'argent, même pour les achats les plus essentiels?
9. brusquement se met à pleurer avec ostentation?
10. a participé d'une façon ou d'une autre à un acte criminel?

4 Traduisez en employant une locution idiomatique dans chaque phrase.

1. We have been deeply in debt for several months.
2. I realize that my mother is worrying herself sick.

3. It's my father's fault. Money burns a hole in his pocket.
4. I don't like to see my parents at swords' points.
5. If this situation continues, I'll have a nervous breakdown
6. My brother has been trying to cheer me up.
7. Peter tried to steal some money, but he was caught in the act.
8. It was only a few dollars; it was not a hanging matter.
9. Usually, if you steal something, you have to make it good.
10. Don't let problems like this drive you crazy.

5 Sujets de composition ou de conversation: Développez les sujets suivants comme devoir écrit ou exposé oral. Choisissez des locutions idiomatiques qui se rapportent au sujet et employez-les à propos. (Le professeur précisera si les locutions familières sont autorisées ou non.)

1. Les membres de votre famille vivent-ils toujours en parfaite harmonie? N'y a-t-il pas des désaccords parfois? Dans quelles circonstances?
2. Racontez une dispute entre deux ou trois membres de votre famille. Quelle en était la cause? Comment les choses ont-elles fini?
3. Une personne de vos connaissances a perdu son emploi. Quelles difficultés financières en ont résulté?
4. Pensez à quelqu'un qui dépense son argent si vite qu'il fait toujours des dettes. Comment le dépense-t-il? Approuvez-vous sa façon de faire?
5. Un homme a commis une action malhonnête. Il a peut-être volé de l'argent et a été recherché par la police. Racontez.

12 couper l'herbe sous les pieds de quelqu'un

1. **remuer ciel et terre**: utiliser tous les moyens possibles pour arriver à quelque chose *move heaven and earth; leave no stone unturned*
2. **donner un coup de pouce à quelqu'un** (fam.): intervenir pour qu'il réussisse *help someone out*
3. **faire du zèle**: ici, travailler avec grand enthousiasme *go all out* (colloq.)
4. **gravir les échelons**: passer d'un rang au rang supérieur *rise through the ranks*
5. **être bien en selle** (fam.): être fermement établi dans son emploi cf. *be in the saddle*
6. **avoir la haute main** (**sur**): avoir une autorité totale cf. *be in charge* (*of*)
7. **faire l'important**: se donner de l'importance, de l'autorité *act high and mighty*
8. **la cinquième roue du carrosse** (fam.): une personne que l'on considère d'une utilité très secondaire *a fifth wheel*
9. **promettre monts et merveilles à quelqu'un**: lui faire de trop belles promesses *promise someone the world on a platter*
10. **être le dindon de la farce**: être la victime; être trompé *be taken in* (colloq.)
11. **promettre la lune à quelqu'un**: lui faire une promesse impossible *promise someone the moon*
12. **couper l'herbe sous les pieds de quelqu'un**: frustrer quelqu'un d'un avantage mérité *pull the rug out from under someone*

9 L'Emploi

Le Travail   La Situation

André a **remué ciel et terre** pour trouver une situation°, sans *position*
succès. Heureusement, un vieil ami lui a **donné un coup de pouce°** lit. *thumb*
(fam.).

Les premiers mois il a **fait du zèle** pour se faire bien voir et
gravir° **les échelons** aussi vite que possible. *go up*

Maintenant il **est bien en selle°** (fam.) dans la compagnie; il **a la** lit *saddle*
haute main sur le personnel du bureau.

Paul est un prétentieux: il **fait l'important**, ce qui déplaît à
ses supérieurs, et pourtant il n'est que **la cinquième roue du carrosse°** *carriage*
(fam.).

Quand mon frère a pris son premier poste°, son directeur lui *job*
avait **promis monts et merveilles**. C'était trop beau! Il aurait dû se
douter qu'il **serait le dindon°** de la farce.[1] *turkey*

Dans cette maison°, on vous **promet la lune**; puis, dès que vous *firm*
commencez à **percer°**, on vous **coupe l'herbe sous les pieds**. *get ahead*

---

[1] Le dindon passe pour être un animal assez stupide. C'est pourquoi dans les farces du Moyen
Age, les pères dindons jouaient le rôle de victimes, dupés par leurs fils qui se moquaient d'eux.

13. **prendre quelqu'un à l'essai** : l'engager pour quelque temps afin d'observer son travail *hire someone on a trial basis*

14. **être à la hauteur** : être capable de bien faire son travail *be equal to one's task*

15. **mettre quelqu'un à la porte** : le mettre dehors ; ne pas le garder *let someone go*

16. **travailler pour un salaire de famine** : travailler pour un salaire très insuffisant *work for starvation wages*

17. **faire peau neuve** : changer complètement *make a fresh start*

18. **(un contrat) en bonne et due forme** : parfaitement légal *in order; in proper form*

19. **faire voir à quelqu'un de quel bois on se chauffe** : ici, connaître ses droits et s'en servir de façon menaçante *show someone what one is made of*

20. **se jouer des difficultés** : ne pas prendre les difficultés au sérieux *make light of difficulties*

21. **tirer son épingle du jeu** : se retirer au bon moment d'une situation qui tourne mal *get out while the going is good* lit. *pull one's pin out of the game*

22. **se faire une raison** : accepter philosophiquement une difficulté inévitable *make the best of it*

23. **(trouver) une planche de salut** : (trouver) une façon de résoudre une difficulté, ici, un emploi ou des ressources pour survivre *(find) a way out* cf. *a lifesaver*

24. **être sur le pavé** : ici, être sans emploi *be out of a job*

25. **être à fond de cale** (fam.) : être sans ressources lit. *be down in the hold (of a ship)*

26. **mettre quelqu'un à contribution** : avoir recours à l'aide qu'il peut vous apporter *enlist someone's help*

27. **donner un coup de main à quelqu'un** : ici, lui venir en aide quand il est en difficulté *lend someone a helping hand; come to someone's aid*

28. **se mettre en évidence** : faire voir ses capacités *put oneself forward*

29. **donner le bâton pour se faire battre** : donner de soi-même une impression défavorable et en subir les conséquences *be one's own worst enemy*

30. **prendre du galon** : obtenir des promotions successives *advance in rank*

31. **être au four et au moulin** : faire deux choses à la fois en des endroits différents *be in two places at once* lit. *be at the oven and at the mill*

32. **ne tenir qu'à un cheveu** : risquer de tomber d'un moment à l'autre *hang by a hair*

33. **du jour au lendemain** : d'un jour à l'autre *overnight*

34. **tomber en disgrâce** *fall into disgrace*

35. **avoir plusieurs cordes à son arc** : être capable de faire plus d'une sorte de travail *have more than one string to one's bow*

36. **trouver à se caser** (fam.) : ici, trouver du travail d'une façon ou d'une autre *find a place for oneself*

37. **gagner des milles et des cents** : gagner de grosses sommes d'argent *make tons of money*

38. **ne pas avoir l'embarras du choix** : trouver si peu de choses qu'on n'hésite pas à choisir *not have much to choose from*

39. **faire du porte-à-porte** : vendre de la marchandise en allant d'une maison à l'autre dans un secteur déterminé *sell from door to door*

40. **être sur le sable** (fam.) : être sans argent et sans travail *be down and out*

Je préfère la façon d'agir d'un directeur qui vous **prend à l'essai**. Ensuite, ou vous **êtes à la hauteur** et vous gardez votre place, ou il vous **met à la porte**.

Fatigué de **travailler pour un salaire de famine**, Jacques a voulu **faire peau° neuve**[2] et a contracté un engagement dans les marines.   *skin*

Le **contremaître°** n'a pas l'air d'être content de mes services. Comme j'ai **un contrat en bonne et due forme**, s'il menace de me **renvoyer°**, je vais lui **faire voir de quel bois je me chauffe**!   *foreman*   *dismiss*

Mon cousin **se joue des difficultés** de la vie; quoi qu'il lui arrive, il trouve toujours le moyen de **tirer son épingle du jeu**.
Il dit que même dans l'adversité il faut **se faire une raison**: on finit toujours par **trouver une planche de salut°**.   *lit. safety*

Le pauvre Martin **est sur le pavé** une fois de plus. S'il reste un mois ou deux sans travail, il sera **à fond de cale** (fam.).
J'ai personnellement **mis** plusieurs amis **à contribution** pour tenter de lui **donner un coup de main**, sans grand résultat.
Il est trop timide, il ne sait pas **se mettre en évidence**; il donne lui-même **le bâton pour se faire battre**.

Robert va se rendre malade. Il veut tellement **prendre du galon°**[3] qu'il s'occupe de tout dans la manufacture: il voudrait toujours **être au four et au moulin**.   *stripe*

La situation du sous-directeur **ne tient qu'à un cheveu**. On ne lui a encore rien annoncé officiellement, mais **du jour au lendemain**, il risque de **tomber en disgrâce**.
Heureusement pour lui, il **a plusieurs cordes à son arc**. Il n'a pas de chance en ce moment, mais soyez tranquille, il **trouvera à se caser°** (fam.).   *se... lit. settle down*

Mon mari ne **gagne** pas **des milles et des cents**. C'est que quand il a pris cette place, il **n'avait pas l'embarras du choix**.
Faire du porte-à-porte n'est pas **drôle°**; cela vaut mieux cependant que d'**être sur le sable°** (fam.).[4]   *fun*   *lit. sand*

---

[2] Allusion au serpent, qui change complètement de peau à la saison de la mutation.
[3] Comparaison avec les promotions des militaires.
[4] Cette locution fait penser à un bateau qui, enfoncé dans le sable, se trouve immobilisé.

41. **faire son trou** (fam.): se faire une situation *make one's way*
42. **être dur à la détente** (fam.): ici, être difficile à convaincre d'acheter quelque chose *be close-fisted* lit. *be hard to loosen up*
43. **se vendre comme des petits pains** (fam.): être très facile à vendre *sell like hot cakes* (informal)
44. **gagner le Pérou**: gagner beaucoup d'argent *make money hand over fist* (colloq.)
45. **être obéi au doigt et à l'œil**: être obéi très vite et ponctuellement *have people at one's beck and call*
46. **être près de ses intérêts**: ne pas être généreux *be money-minded*
47. **mettre quelqu'un à l'épreuve**: le tenir en observation *put someone to the test*
48. **Ça me fait une belle jambe** (fam.): Ça ne me sert à rien *A lot of good that'll do me*

Ce n'est pas toujours facile de **faire son trou°** (fam.) dans la   lit. *hole*
représentation°. Les ventes sont difficiles, les clients **durs à la détente**   *salesmanship*
(fam.).

Un de mes amis a bien réussi. Il représente une maison dont les
produits **se vendent comme des petits pains** (fam.). Il dit qu'il ne
gagne pas **le Pérou**,[5] mais il a une situation enviable.

Les employés de M. Grenier disent que c'est un homme très
exigeant qui veut **être obéi au doigt et à l'œil.** Le reproche qu'on lui
fait c'est d'être trop **près de ses intérêts.**

Après m'avoir **mis à l'épreuve** pendant six mois, il m'a fait de
longs compliments. **Ça me fait une belle jambe** (fam.)! J'aurais
préféré une bonne prime°.   *bonus*

[5] Le Pérou passe pour avoir de très riches ressources naturelles.

Exercices

1 Complétez les phrases suivantes, selon le sens, en employant les locutions qui figurent
dans la colonne de droite. Mettez chaque locution donnée à l'infinitif à la forme qui
convient.

MODÈLE: 1. Il a fait de très gros bénéfices dans ses affaires pendant longtemps; il a **gagné
le Pérou.**

2. Henri n'a pas peur de perdre sa place. Ses services sont
appréciés; il _____ dans la maison.

3. Attention! Ce directeur vous fera de belles promesses, mais si,
comme d'habitude, il ne les tient pas, vous _____
_____.

4. Quand on perd une belle situation, l'important est d'en
trouver une autre. Même si le salaire n'est pas gros, il faut
_____.

5. Après avoir été sans travail pendant six mois, j'ai accepté le
seul poste qui s'est présenté: je _____.

6. La manufacture a fermé ses portes le mois dernier. Tous les
employés _____.

a) ne pas avoir
l'embarras du choix
b) prendre à l'essai
c) être le dindon de la
farce
d) donner un coup de
pouce
e) gagner le Pérou
f) tirer son épingle du
jeu
g) être bien en selle
h) se faire une raison

7. Jacques aurait préféré une situation permanente, mais dans cette maison on vous _____ pendant trois mois pour commencer.

8. D'ailleurs, il n'aurait même pas eu cette place si un ami ne lui avait pas _____.

9. On se sent bien déçu quand un employeur vous _____ et que les mois passent sans même obtenir une augmentation de salaire.

10. Les affaires allaient assez mal. J'ai jugé bon de _____ en reprenant l'argent que j'avais placé.

i) promettre la lune
j) être sur le pavé

2 Complétez chaque phrase en donnant la forme correcte de la locution idiomatique suggérée.

1. Je ne vais pas me laisser intimider. Si mon patron me crée des difficultés, je lui *ferai voir de quel* _____.

2. Cet ouvrier espérait qu'on le garderait; puis, sans savoir pourquoi, *du jour* _____ on l'a mis à la porte.

3. Quand les places sont rares, il est bien difficile de *trouver* _____. (fam.)

4. Ce représentant *gagne* bien sa vie. Les derniers modèles de meubles *se vendent comme* _____. (fam.)

5. Dans cette maison on n'a jamais accordé d'autorité à Jacques. Il n'est que *la cinquième* _____. (fam.)

6. Il est impossible de tout faire en même temps; on ne peut pas *être au four* _____.

7. Pendant des mois, j'ai *remué* _____ sans arriver à trouver un poste à mon goût.

8. J'avais travaillé dur, j'aurais dû être récompensé; mais quelqu'un m'a *coupé l'herbe* _____.

3 Répondez à chaque question par une phrase qui contiendra une locution idiomatique; notez «fam.» si la locution employée est familière.

MODÈLE : Que dit-on de quelqu'un qui vous aide à faire quelque chose?
Il me donne un coup de main.

Que dit-on de quelqu'un qui
1. ne sait donner de lui-même qu'une très mauvaise impression?
2. est qualifié pour faire des travaux différents?
3. a pris une direction toute différente à un moment de sa vie?
4. est difficile avec ses employés et très autoritaire?
5. a un salaire particulièrement élevé?
6. obtient des promotions les unes après les autres?
7. se soucie beaucoup de questions d'argent?
8. a la direction d'une partie du personnel d'une compagnie?

4 Traduisez en employant une locution idiomatique dans chaque phrase. (Notez que la mention «fam.» indique que la locution demandée appartient au style familier.)

1. I'm trying to find a job, but I don't want to work for starvation wages.
2. My former boss promised me the world on a platter.
3. Since John lost his job, his family has been down and out. (fam.)
4. After a month it was obvious that the new employee was not equal to his task.
5. His position in the company is now hanging by a hair.
6. If he were working for me, I'd let him go right away.
7. While my son was going to school, he earned money by selling from door to door.
8. To do that type of work you must know how to put yourself forward.

5 Sujets de composition ou de conversation: Développez les sujets suivants comme devoir écrit ou exposé oral. Choisissez des locutions idiomatiques qui se rapportent au sujet et employez-les à propos. (Le professeur précisera si les locutions familières sont autorisées ou non.)

1. Faites le portrait du directeur d'une entreprise commerciale. Quelle opinion ses employés ont-ils de lui?
2. Un de vos amis a fait ses débuts dans une grande compagnie. Racontez son succès.
3. Décrivez les difficultés qu'un employé peut avoir si son patron n'a pas le sens de la justice.
4. Supposez que vous avez perdu votre emploi. Vous avez du mal à en trouver un autre pour pouvoir payer vos frais d'études. Quelles difficultés rencontrez-vous?

6 *voler de ses propres ailes*

1. **peser le pour et le contre**: réfléchir aux avantages et aux désavantages *weigh the pros and cons*
2. **changer son fusil d'épaule**: ici, changer de carrière, de travail lit. *move one's gun to the other shoulder*
3. **gagner son pain à la sueur de son front**: gagner sa vie en travaillant très dur *earn a living by the sweat of one's brow*
4. **payer de sa personne**: faire sa part du travail *do one's fair share*; *pull one's weight*
5. **La fortune lui sourit**: La chance, le succès arrivent *Fortune is smiling on him*
6. **voler de ses propres ailes**: ne pas avoir besoin de la protection des autres *stand on one's own legs, on one's own two feet*
7. **bien mener sa barque**: ici, diriger ses affaires avec succès *manage one's affairs well*
8. **valoir son pesant d'or**: avoir la valeur d'une mine d'or *be worth its weight in gold*
9. **avoir les pieds au chaud** (fam.): être à l'aise, ici, parce que les affaires vont bien *be on easy street* (colloq.)
10. **garder la tête sur les épaules** *keep one's head on one's shoulders*
11. **battre de l'aile** (fam.): être en difficulté; ici, commencer à décliner ici, *take a turn for the worse*
12. **saisir la balle au bond**: accepter sans délai une bonne occasion tant qu'elle se présente *jump at the opportunity* lit. *catch the ball on the bounce*

10 Les Affaires

Commerce Sociétés Entreprises

Après avoir longuement **pesé le pour et le contre**, j'ai **changé mon fusil d'épaule** il y a trois ans: j'ai laissé les études et je me suis lancé dans le commerce.

Au début, j'ai **gagné mon pain à la sueur° de mon front**. Mon associé, lui aussi, a **payé de sa personne**, et, sans l'aide de mon père, nous n'aurions sans doute pas réussi.

Après trois ans d'efforts, **la fortune nous sourit** enfin. Nous gagnons bien notre vie et nous pouvons **voler de nos propres ailes°**.

Louis a **bien** su **mener sa barque°**: l'affaire de plastique qu'il a lancée dans ce nouveau quartier **vaut son pesant d'or.**[1]

Il **a les pieds au chaud** (fam.) maintenant, ce qui ne l'empêche pas, bien au contraire, de **garder la tête sur les épaules**.

M. Leblanc se rendait compte que son commerce **battait de l'aile** (fam.).[2] Il a vite fermé ses portes et a **saisi la balle au bond** quand on lui a proposé la direction d'une autre affaire.

sweat

wings

boat

[1] Le nom **pesant**, du verbe **peser**, ne se trouve que dans cette expression. Le nom courant est **poids** (*weight*).
[2] L'image est celle de l'oiseau qui agite ses ailes pour essayer de voler quand sa force est diminuée.

13. **risquer le tout pour le tout**: courir le risque de perdre tout ce que l'on possède *go for all or nothing*
14. **(re)partir à zéro**: (re)commencer sans rien avoir d'avance *start all over again*; *start from scratch*
15. **tâter le terrain**: s'informer; explorer les possibilités lit. *feel the ground*
16. **en être pour ses frais**: ne tirer aucun profit; tout perdre malgré la peine que l'on s'est donnée *get nothing for one's pains*
17. **tomber à l'eau**: être abandonné pour manque de succès *fall through*
18. **ne pas voir plus loin que le bout de son nez**: ne pas être capable de prévoir ce qui va se passer; manquer de discernement *not see past the end of one's nose*
19. **faire la sourde oreille**: refuser d'entendre, de faire attention à ce qu'on vous demande *play deaf*
20. **mettre le couteau sur la gorge à quelqu'un**: le forcer à faire quelque chose, ici, à payer ses dettes *hold a knife to someone's throat*
21. **être aux abois**: ici, être dans une situation financière désespérée *be hard-pressed* lit. *be at bay*
22. **payer quelqu'un en monnaie de singe**: lui faire des grimaces au lieu de le payer en argent *let someone whistle for his money*
23. **payer en nature**: donner de la marchandise au lieu de payer en argent *pay in kind*
24. **une cote mal taillée**: un compromis plus ou moins satisfaisant qui permet de régler un compte disputé cf. *a rough-and-ready compromise*
25. **mettre de l'eau dans son vin**: ne pas trop demander; ne pas être trop strict *pull in one's horns*
26. **tout perdre en voulant trop gagner** *overplay one's hand*
27. **se démener comme un diable**: travailler vite et sans arrêt *work like a demon* lit. *struggle like a devil*
28. **Il fait la pluie et le beau temps** (fam.): Il a une très grosse influence *The sun rises and sets by him*
29. **un grand magnat**: un homme d'une importance extraordinaire dans les affaires *a magnate*; *a tycoon* (informal)
30. **donner carte blanche à quelqu'un**: lui donner la possibilité de prendre des décisions par lui-même *give someone a free hand, free rein*
31. **mettre des bâtons dans les roues (à quelqu'un)**: créer des obstacles qui empêchent le progrès normal cf. *throw a monkey wrench (into someone's affairs)* (informal)
32. **tuer la poule aux œufs d'or**: faire tomber une affaire par des profits trop rapides *kill the goose that lays the golden eggs*
33. **à ses risques et périls**: sans l'aide de personne *at one's own risk*
34. **avoir les pieds sur terre** *have both feet on the ground*

En ouvrant ce magasin, j'ai décidé de **risquer le tout pour le tout.** Si je réussis, tant mieux, si j'échoue°, je **repartirai à zéro.**

°échouer *fail*

Ce commerçant° aurait dû **tâter le terrain** avant de s'installer. Sa clientèle est très insuffisante: il va **en être pour ses frais,°** cela paraît évident.

°*merchant*
°*expenses*

Lui refuse de croire que son affaire va **tomber à l'eau** et il continue à y mettre de l'argent. Il **ne voit pas plus loin que le bout de son nez.**

Ses fournisseurs° remarquent que ces derniers temps il **fait la sourde oreille** quand on lui présente des factures°. Ils ne vont pas tarder à lui **mettre le couteau sur la gorge°.**

°*suppliers*
°*bills*
°*throat*

Nous savions que ce client **était aux abois** et qu'il avait l'intention de nous **payer en monnaie de singe°.**[3] Nous avons donc pris nos précautions.

°*monkey*

Nous avons réussi à nous faire **payer en nature.** Il vaut mieux se contenter d'**une cote mal taillée**[4] que de tout perdre.

Il est parfois préférable en effet de **mettre de l'eau dans son vin** que de **tout perdre en voulant trop gagner.**

M. Poitevin **s'est démené comme un diable** pendant les premiers cinq ans. Par la suite, la réputation de son entreprise a grandi au point qu'aujourd'hui on dit que c'est lui qui **fait la pluie et le beau temps** (fam.).

Il est devenu **un grand magnat** dans l'industrie chimique. C'est un homme qui préfère prendre ses décisions lui-même que de **donner carte blanche** à ses associés.

Les Durand avaient une affaire très prospère. Par malchance, un nouveau partenaire trop ambitieux est venu leur **mettre des bâtons dans les roues.** De la façon dont il opère, il risque de **tuer la poule aux œufs d'or.**

Quand on entreprend une affaire **à ses risques et périls,** une des qualités essentielles est d'**avoir les pieds sur terre.**

---

[3] Au 12ème siècle, les joculateurs qui donnaient un spectacle avec leurs singes pouvaient passer sur certains ponts de Paris sans avoir à payer. Saint Louis leur avait donné ce privilège.
[4] Le sens du mot **cote** dans cette expression et l'origine de la locution elle-même restent obscurs.

35. **avoir la folie des grandeurs** (fam.): avoir un désir excessif de gloire, de puissance, de prospérité

36. **ne pas être de taille** (à): ne pas être assez capable, ne pas avoir la force suffisante (pour)

37. **jouer gros jeu**: risquer de grosses sommes d'argent *take a big gamble*

38. **travailler pour le roi de Prusse** (fam.): travailler pour un profit presque nul *have one's trouble for one's pains*

39. **coûte que coûte**: à tout prix *at all costs*; *whatever the cost*

40. **à la force du poignet**: par de grands efforts de travail *by sheer strength*

41. **marcher** (ou **aller**) **comme sur des roulettes** (fam.): se dit ici d'une affaire qui va très bien, dont le succès est grand *be in full swing*

42. **nager dans l'opulence**: vivre dans un grand luxe *roll in money*

43. **tirer les marrons du feu** cf. *save the day* lit. *pull the chestnuts out of the fire*

44. **mettre la clé sous la porte**: partir; abandonner son poste *walk out on the job*

45. **sans tambour ni trompette**: sans bruit; sans rien dire *without fanfare*

46. **C'est de l'or en barre**: C'est une mine d'or *It's a gold mine*

Les fondateurs de cette entreprise ont **eu la folie des grandeurs** (fam.). Ils **ne sont pas de taille°** à **lutter°** contre les grosses sociétés. *lit. size / fight*

Ils ont **joué gros jeu** dans cette affaire et s'ils **font banqueroute°**, ils auront **travaillé pour le roi de Prusse** (fam.).[5] *font... go bankrupt*

Maurice était décidé **coûte que coûte** à avoir sa propre affaire. Il y est arrivé **à la force du poignet°** avec peu de difficultés financières. *wrist*

Ces derniers temps son affaire **marche comme sur des roulettes°** (fam.), et il est bien possible que d'ici quelques années il **nage dans l'opulence**. *lit. rollers*

J'ai fini par acheter une voiture neuve à mon fils pour visiter la clientèle. C'était la seule façon de **tirer les marrons du feu**, sinon il allait **mettre la clé sous la porte sans tambour°** ni trompette. *drum*

Il serait dommage de perdre un si bon partenaire. C'est avec lui que j'avais monté cette affaire dont on dit: «**C'est de l'or en barre°**.» *ingot*

[5] Au 18ème siècle, le roi de Prusse avait acquis la réputation de ne pas payer ses soldats de façon légitime. La locution a pris le sens plus fort de n'être presque pas payé ou de tout perdre.

Exercices

1 Complétez les phrases suivantes, selon le sens, en employant les locutions qui figurent dans la colonne de droite. Mettez chaque locution donnée à l'infinitif à la forme qui convient.

MODÈLE: 1. Edmond a gagné beaucoup d'argent dans les affaires et il a su ne pas trop en dépenser; maintenant, il **a les pieds au chaud**.

2. Ce sous-directeur a tous les pouvoirs dans la maison; le patron lui a _____.

3. Exiger ceci, céder sur cela, partager équitablement les avantages et les inconvénients, c'est faire _____.

4. Il ne peut pas continuer ainsi. Il ne gagne pas assez pour vivre. Il a décidé de _____.

5. Cette affaire est formidable. Il est impossible qu'elle ne donne pas de gros bénéfices: _____.

6. Le mérite d'Edouard dans cette affaire, c'est qu'il a tout fait par lui-même avec son propre argent. Il s'est lancé _____.

a) changer son fusil d'épaule
b) à ses risques et périls
c) c'est de l'or en barre
d) battre de l'aile
e) avoir les pieds sur terre
f) avoir les pieds au chaud
g) donner carte blanche
h) à la force du poignet

7. On a renvoyé du personnel, fermé un magasin. J'ai l'impression que ce commerce commence à _____.

8. Louis est sérieux. Il sait compter et aussi choisir ses collaborateurs. Il _____.

9. Avant de s'engager dans une affaire, il faut _____ _____, c'est-à-dire, se renseigner le plus possible.

10. Si Georges a réussi dans les affaires, ce n'est pas par chance, c'est par un labeur assidu, _____.

i) une cote mal taillée

j) tâter le terrain

2 Complétez chaque phrase en donnant la forme correcte de la locution idiomatique suggérée.

1. Il arrive parfois que malgré beaucoup d'efforts on ne soit pas récompensé; alors, on a *travaillé pour* _____. (fam.)

2. Joseph occupe une place très importante dans cet établissement. Ses décisions ne sont discutées par personne; il *fait* _____. (fam.)

3. J'ai longuement *pesé* _____. Leur offre semblait raisonnable; alors, je me suis engagé.

4. Evidemment, j'avais aussi la possibilité de m'établir à mon compte; mais je manquais de capitaux pour *voler* _____.

5. Faire travailler les autres n'est pas facile si l'on ne donne pas l'exemple soi-même en *payant* _____.

6. C'est un homme impossible: les plus hauts postes, les plus belles autos, la plus belle maison; il *a la folie* _____. (fam.)

7. Cela finira mal! Même quand on est en pleine réussite, il faut *garder* _____.

8. Le pauvre Jean n'a pas le sens du commerce. Il n'aime pas ce genre de travail. Il ne va pas tarder à *mettre la clé* _____.

3 Répondez à chaque question par une phrase qui contiendra une locution idiomatique; notez «fam.» si la locution employée est familière.

MODÈLE: Que dit-on de quelqu'un qui est compétent, intelligent, assidu dans son travail, un collaborateur d'élite?
Il vaut son pesant d'or.

Que dit-on de quelqu'un qui

1. met des fonds dans une affaire hasardeuse, sans aucune certitude?

2. démolit les projets d'un autre, le contredit, cherche des complications?

3. paye ses créanciers avec seulement des paroles et des promesses?

4. sait juger une possibilité très vite et en profiter sans attendre?

5. vit très largement en dépensant sans compter?

6. travaille beaucoup, agit vite, s'occupe constamment de son affaire?

7. fait banqueroute parce qu'il a cherché à faire de trop gros bénéfices?

8. envisage seulement les effets immédiats de ses actions sans penser à ce qui se passera plus tard?

4 Traduisez en employant une locution idiomatique dans chaque phrase. (Notez que la mention «fam.» indique que la locution demandée appartient au style familier.)

1. We had a good plan to make money, but it fell through.
2. It's too bad; now we have to start all over again.
3. Business has been going badly for the past few months. Now we are hard pressed.
4. If we cannot pay all our debts, we will have to pay in kind.
5. My husband wanted to go into business for himself, whatever the cost.
6. We took a big gamble and bought a store in town.
7. He worked hard and managed his affairs well.
8. We are both very happy that the business is now in full swing. (fam.)

5 Sujets de composition ou de conversation: Développez les sujets suivants comme devoir écrit ou exposé oral. Choisissez des locutions idiomatiques qui se rapportent au sujet et employez-les à propos. (Le professeur précisera si les locutions familières sont autorisées ou non.)

1. Quelles sont les qualités requises pour bien réussir quand on veut monter sa propre affaire au lieu de travailler au service de quelqu'un d'autre?
2. Aimeriez-vous vous lancer dans les affaires pour gagner votre vie? Quels en seraient les avantages et les inconvénients?
3. Vous avez sans doute entendu parler d'un commerce qui a bien débuté mais mal fini. Qu'est-ce qui s'est passé?
4. Parlez de quelques entreprises commerciales aux Etats-Unis qui grandissent toujours et ont un succès spectaculaire.

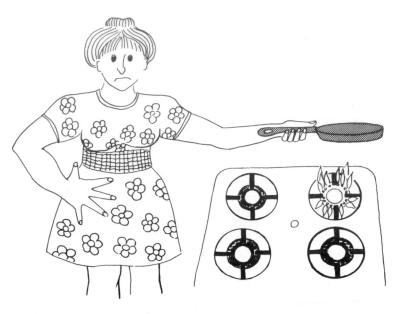

7 tenir la queue de la poêle

1. **rester les bras croisés**: ne rien faire; être inactif *sit on one's hands*
2. **améliorer son niveau de vie**: vivre plus aisément *raise one's standard of living*
3. **tirer des plans sur la comète** (fam.): réussir ingénieusement à vivre avec des ressources financières réduites
4. **joindre les deux bouts**: vivre sans faire de dettes *make both ends meet*
5. **ne plus savoir à quel saint se vouer** (fam.): ne plus savoir comment faire *be at one's wits' end*
6. **se heurter à un mur**: ne pas arriver à persuader quelqu'un; n'obtenir aucune réponse positive *come up against a brick wall*
7. **tenir la queue de la poêle** (fam.): avoir la direction de la maison cf. *be in charge* lit. *hold the handle of the frying pan*
8. **vivre sur un grand pied**: vivre richement *live in high style*
9. **tenir les cordons de la bourse**: contrôler le budget *hold the purse strings*
10. **faire des économies de bouts de chandelles**: économiser sur de petits détails insignifiants lit. *save candle ends*
11. **se saigner à blanc**: ici, faire de gros sacrifices financiers pour les nécessités de la vie *be bled white* lit. *drain one's blood to the white*
12. **faire bouillir la marmite** (fam.) *keep the pot boiling* (informal)

11 A la maison

Vie en famille   Entretien de la maison

C'est en travaillant et non pas en **restant les bras croisés** que l'on peut espérer **améliorer son niveau° de vie**.   *level*

Je vous assure qu'avec un seul salaire il faut savoir **tirer des plans sur la comète** (fam.) pour arriver à **joindre les deux bouts**.

Je **ne sais plus à quel saint me vouer°** (fam.); dès que je parle de la moindre dépense à mon mari, je **me heurte à° un mur**.

se vouer à
dedicate oneself to
se heurter à
strike

Dans cette famille c'est la mère qui **tient la queue de la poêle** (fam.); heureusement car le père aurait tendance à **vivre sur un grand pied**.

Il préférerait **tenir les cordons° de la bourse** lui-même. Il trouve que parfois sa femme **fait des économies de bouts de chandelles**.

strings

Il y a des familles pauvres qui **se saignent à blanc** pour payer le loyer° et **faire bouillir la marmite°** (fam.). Ces gens ne peuvent s'offrir aucun luxe.

rent / soup pot

113

13. **marcher sur les pieds de quelqu'un** *step on someone's toes; push someone around*

14. **ne (pas) savoir que faire de ses dix doigts**: ne pas chercher à s'occuper *not know what to do with oneself*

15. **une femme** (ou **un homme**) **de ressource(s)**: une personne solide, capable, pleine de possibilités *a woman* (or *man*) *with a head on her* (*his*) *shoulders*

16. **se mordre les doigts** (**de**): se repentir; regretter beaucoup *rue the day* (*that*)

17. **des paroles en l'air**: des choses que l'on dit qui ne sont pas fondées, sans réalité *idle talk*

18. **un panier percé**: une personne qui ne sait pas garder son argent *a spend-all; a spendthrift*

19. **garder une poire pour la soif** (fam.): garder de l'argent en réserve en cas de nécessité *save for a rainy day*

20. **agir en conséquence** *act accordingly*

21. **la cour du roi Pétaud**: un endroit où dominent le bruit et la confusion, où tout le monde commande *a bear garden; a madhouse* (informal)

22. **tirer à hue et à dia**: aller chacun de son côté, sans accord *go every which way*

23. **avoir bon dos** (fam.): ici, tolérer sans colère les mauvais côtés de quelqu'un cf. *grin and bear it*

24. **être du bois dont on fait les flûtes** (fam.): être facile à vivre, ne pas contrarier; être très accommodant cf. *You can twist him around your little finger*

25. **vivre en bonne intelligence** (**avec**): être en bons termes *be on good terms* (*with*)

26. **battre froid à quelqu'un**: lui montrer une certaine hostilité *give someone the cold shoulder*

27. **être comme un coq en pâte** (fam.): être heureux, gentiment traité, bien soigné lit. *be like a rooster in batter*

28. **être aux petits soins pour quelqu'un** (fam.): avoir pour lui toutes sortes d'attentions aimables; bien le servir *wait on someone hand and foot*

29. **être joli comme un cœur** (se dit des personnes, surtout des jeunes): être très joli *be as cute as a button*

30. **être sage comme une image** (se dit des enfants): être docile, obéissant, tranquille *be as good as gold*

31. **s'entendre comme larrons en foire**: être excellents camarades; être d'accord, parfois pour faire des plaisanteries *be as thick as thieves* (colloq.) lit. *get along like thieves in a fair*

32. **donner du fil à retordre à quelqu'un** (fam.): lui causer toutes sortes de difficultés pendant assez longtemps *give someone a hard time* (informal)

33. **brouiller les cartes**: mettre la confusion et compliquer une situation cf. *cloud the issue*

34. **la brebis galeuse**: le membre indésirable d'une famille ou d'un groupe *the black sheep* lit. *the ewe that has the plague*

Madame Vigne ne se laisse pas **marcher sur les pieds** par son mari. C'est elle qui travaille et lui **ne sait** jamais **que faire de ses dix doigts.**

C'est **une femme de ressource**, économe et travailleuse. Elle **se mord les doigts** d'avoir épousé un homme aussi incapable.

Fernand vous dira qu'il aura bientôt assez d'économies pour acheter une maison. Ne l'écoutez pas, ce sont **des paroles en l'air.** Ce garçon est **un panier° percé.**   *lit. basket*

Moi, j'aime bien **garder une poire pour la soif** (fam.) et quand je vais faire mes achats, j'**agis en conséquence.**

Nos voisins ont six enfants. Leur maison, c'est **la cour du roi Pétaud**;[1] tous les membres de la famille y **tirent à hue et à dia.**[2]

Je vous assure qu'il faut **avoir bon dos** (fam.) pour vivre avec une belle-mère° comme la mienne. Elle avait de la chance d'avoir   *mother in law* un mari qui **était du bois dont on fait les flûtes** (fam.)!

Jusqu'à présent nous avons **vécu en bonne intelligence.** Je ne m'explique pas pourquoi ces jours-ci elle me **bat froid.**

René **est comme un coq en pâte** (fam.). Sa femme **est** toujours **aux petits soins** (fam.) pour lui.

Ils ont une petite fille qui **est jolie comme un cœur.** Elle a bon caractère et elle **est sage comme une image.**

Les deux sœurs sont gentilles et **s'entendent comme larrons en foire.** Le garçon, lui, est un enfant gâté°, d'un caractère contrariant,   *spoiled* qui n'a pas fini de **donner du fil à retordre°** (fam.)[3] à ses parents.   *twist*

Il lui arrive assez souvent de **brouiller° les cartes** quand il y a   *shuffle* matière à discussion. S'il ne devient pas plus raisonnable, il sera **la brebis galeuse** de la famille.

---

[1] Molière s'est servi de ce nom ridicule pour désigner le chef de la corporation des vagabonds où régnait la confusion car tous les membres voulaient commander.
[2] Hue et dia peuvent être interprétés comme signifiant «droite» et «gauche» ou des directions opposées. Ces mots s'employaient sans doute par les paysans pour donner des ordres aux animaux de trait—aux chevaux, par exemple.
[3] Cette locution remonte au temps où, en l'absence de machines, le fil (*thread*) se fabriquait à la main. C'était une tâche dure et désagréable.

35. **mener quelqu'un tambour battant**: le traiter sévèrement et énergiquement *treat someone with a high hand*

36. **avoir la main leste**: ici, ne pas hésiter à frapper un enfant *have a heavy hand*

37. **outre mesure**: plus qu'il ne faut *beyond measure*; *inordinately*

38. **faire les gros yeux à quelqu'un** (fam.): le regarder d'un air de réprimande *glare at someone*; *look daggers at someone*

39. **tomber du ciel**: arriver par surprise et causer un grand plaisir *come as a godsend*; *come out of the blue*

40. **être sens dessus dessous** (fam.): être dans un désordre complet *be a shambles* (colloq.); *be a mess* (colloq.)

41. **laisser à la traîne** (fam.): laisser en désordre, à l'abandon *leave undone*

42. **un tour de force**: quelque chose de difficile mais que l'on fait très bien cf. *a feat of strength*

43. **prendre son courage à deux mains** (fam.): s'armer de courage *gather up one's courage*

44. **de fond en comble**: complètement; du haut en bas *from top to bottom*

45. **faire le ménage**: tenir la maison propre *keep house*

46. **ne pas trouver le temps long**: être très occupé cf. *have one's hands full*

47. **Ça n'a l'air de rien**: Ça paraît facile, simple *It looks like there's nothing to it*

48. **être en l'air**: être en désordre *be topsy-turvy*

49. **ne savoir où donner de la tête**: avoir trop de choses à faire *not know which way to turn, where to begin*

50. **mettre la main à la pâte**: donner de l'aide *pitch in*

51. **tenir la jambe à quelqu'un**: lui tenir une conversation assez longue et sans intérêt *bend someone's ear*

52. **fermer la porte au nez de quelqu'un**: ne pas le recevoir *shut the door in someone's face*

53. **faire le marché**: aller acheter la nourriture dans les magasins *go grocery shopping*

54. **coûter les yeux de la tête**: coûter beaucoup trop cher *cost an arm and a leg*

55. **faire des pieds et des mains (pour)**: se donner beaucoup de peine (pour arriver à quelque chose) *move heaven and earth (to)*

56. **glisser dans les doigts** *slip through one's fingers*

57. **en un tour de main**: très vite et facilement *in no time at all*

58. **propre comme un sou neuf**: impeccablement propre *neat as a pin*

Ma tante **mène** ses enfants **tambour° battant**. Elle veut toujours être obéie et elle **a la main leste°** quand il le faut.

lit. drum

quick

Mon oncle est un bon père: il gâte ses enfants, mais pas **outre mesure**, et s'il **fait les gros yeux** (fam.), personne ne bouge.

Une prime de mille francs m'**est tombée du ciel**; je vais en profiter pour prendre une femme de ménage° car depuis que ma femme est tombée malade, tout **est sens° dessus dessous** (fam.) dans la maison.

femme... cleaning woman

side

Il y a tellement de travail pour bien entretenir° une maison que ne rien **laisser à la traîne°** (fam.) est **un** véritable **tour de force**.

keep

à... lit. dragging behind

Ce matin j'ai **pris mon courage à deux mains** (fam.) et j'ai nettoyé la salle à manger **de fond en comble**.

Une femme qui est seule pour **faire le ménage**, préparer les repas et s'occuper des petits enfants **ne trouve pas le temps long**.

Faire les lits, **ça n'a l'air de rien**, mais quand tout **est en l'air** dans les chambres des enfants, il faut le temps de mettre de l'ordre.

Quand une mère doit s'occuper d'une famille nombreuse, elle **ne sait où donner de la tête**. Il est normal que les enfants **mettent la main à la pâte°**.

lit. dough

Pour autant de travail que j'aie, ma voisine vient me **tenir la jambe** une ou deux fois par jour. Si elle revient demain, j'ai envie de lui **fermer la porte au nez**.

Faire le marché dans notre quartier **coûte les yeux de la tête**. Tout y est plus cher qu'ailleurs.

Nous avions **fait des pieds et des mains** pour trouver une bonne cuisinière. La première qu'on nous avait indiquée nous a **glissé dans les doigts**.

Celle que nous avons engagée a de grandes qualités: elle prépare d'excellents repas **en un tour de main** et dans la cuisine tout est **propre comme un sou° neuf**.

penny

59. **faire danser l'anse du panier** : se dit d'une servante malhonnête qui garde pour elle une partie de l'argent destiné aux besoins de la maison cf. *tap the till* lit. *make the handle of the basket dance*

60. **tenir quelqu'un à l'œil** : l'observer de près *keep an eye on someone*

61. **avoir d'autres chats à fouetter** : avoir des choses plus importantes à faire *have other fish to fry*

62. **flanquer quelqu'un à la porte** (fam.) : le mettre à la porte ; le mettre dehors *give someone his walking papers*

63. **Ça lui pend au nez** : Ça va lui arriver bientôt et il le mérite *He has it coming (to him)*

Malheureusement, nous n'allons pas pouvoir la garder. Il est presque sûr qu'elle **fait danser l'anse du panier.** Il faudrait la **tenir à l'œil** pendant longtemps, et mes parents **ont d'autres chats à fouetter°.**

Nous allons la **flanquer°** **à la porte** (fam.). **Ça lui pend° au nez.** Mon père a déjà perdu patience.

whip

throw / **pendre** lit. *hang*

Exercices

1 Complétez les phrases suivantes, selon le sens, en employant les locutions qui figurent dans la colonne de droite. Mettez chaque locution donnée à l'infinitif à la forme qui convient.

MODÈLE: 1. Je n'aurais jamais dû acheter cette maison en mauvais état. Je **m'en mords les doigts**; elle me ruine.

2. Lorsque la femme ne travaille pas et que le mari gagne peu d'argent, il est bien difficile de _____.

3. Mes deux frères s'aiment beaucoup. Ils sont toujours d'accord, même pour jouer de mauvais tours: ils _____.

4. L'éducation des enfants coûte très cher. Avec nos petits salaires, mon mari et moi, nous _____ pour y arriver.

5. Leur maison est dans un affreux désordre. Chacun y fait ce qu'il veut et comme il veut; c'est _____.

6. Quand on a une maison à entretenir et des enfants à élever, il est bien normal que le mari _____.

7. Notre femme de ménage n'était ni très propre ni très travailleuse. Je l'ai supportée un mois, puis je l'ai _____.

8. C'est mon mari qui va acheter les provisions, choisir la viande et les légumes. Il aime bien _____.

9. Je le laisse faire, dépenser selon ses possibilités, car c'est lui qui _____.

10. Il est bien agréable pour un homme d'avoir une épouse serviable et adroite, (une) _____.

11. Ainsi, en s'y mettant à deux, tout est en ordre à la maison; rien n'est _____.

12. Nous vivons tous en bon accord chez nous, à l'inverse de certaines familles qui sont toujours en train de _____.

a) la cour du roi Pétaud
b) flanquer à la porte
c) se saigner à blanc
d) se mordre les doigts de
e) joindre les deux bouts
f) faire le marché
g) tirer à hue et à dia
h) s'entendre comme larrons en foire
i) une femme de ressource
j) laisser à la traîne
k) tenir les cordons de la bourse
l) mettre la main à la pâte

2 Complétez chaque phrase en donnant la forme correcte de la locution idiomatique suggérée.

1. Ma petite sœur a une tête blonde avec des cheveux bouclés, les yeux bleus très vifs; elle *est jolie* _____.

2. Notre père n'était pas commode avec nous. Il tenait à son autorité; il nous *menait* _____ _____.

3. Avec lui, inutile de chercher à obtenir ce qu'il avait décidé de nous refuser; on *se heurtait* _____.

4. Si on travaille avec assiduité et d'une manière intelligente, on doit arriver à *améliorer son* _____.

5. Edouard a une femme charmante, toujours souriante, très bonne cuisinière; il *est comme un* _____. (fam.)

6. En revanche, ils ont un fils qui a un caractère difficile et leur crée toutes sortes d'ennuis; il leur *donne du* _____. (fam.)

7. Notre voisin vient plusieurs fois par jour emprunter quelque chose. C'est agaçant! Hier, je lui ai *fermé* _____.

8. Entretenir une maison, préparer les repas, s'occuper des enfants, *ça n'a* _____ _____, mais il faut le faire!

9. Il faut être bon et affectueux avec les enfants, et je le suis, mais pas au point de *me laisser* _____.

10. La vie est chère et ce jeune couple aime bien vivre. Dans ces conditions, il n'est pas facile de *tenir* _____. (fam.)

3 Répondez à chaque question par une phrase qui contiendra une locution idiomatique; notez «fam.» si la locution employée est familière.

MODÈLE: Que dit-on de quelqu'un qui vit comme un seigneur, en dépensant beaucoup d'argent?
Il vit sur un grand pied.

Que dit-on de quelqu'un qui
1. n'a aucun esprit d'initiative et passe son temps comme il peut sans rien faire?
2. est calme, tranquille, peu bruyant, en particulier si c'est un enfant?
3. agit de toutes les façons possibles et imaginables pour arriver à un certain résultat?
4. a tellement de choses à faire qu'il ne sait plus par laquelle commencer?
5. a un caractère facile, vit en harmonie avec tout le monde par son sens de la compréhension?
6. arrive soudain à une heure où on ne l'attendait vraiment pas?
7. parle sans beaucoup de bon sens ni de profondeur?
8. parle longuement avec une autre personne sur des sujets peu intéressants?
9. se prive d'acheter de petites choses pour garder un maximum d'argent?
10. accepte patiemment les remontrances et les réflexions désagréables?

4 Traduisez en employant une locution idiomatique dans chaque phrase. (Notez que la mention «fam.» indique que la locution demandée appartient au style familier.)

1. My wife is a spendthrift; she usually buys the most expensive things.
2. If she listened to me, she would save for a rainy day. (fam.)
3. If I lose my job, we won't be able to keep the pot boiling. (fam.)
4. Some men like to have their wives wait on them hand and foot. (fam.)
5. My aunt has a heavy hand; her children are afraid of her.
6. Since I told her that I didn't like her dress, she's been giving me the cold shoulder.
7. After dinner, everything in the kitchen was topsy-turvy.
8. We haven't seen my brother in a long time: he is the black sheep of the family.
9. French women can make onion soup in no time at all.
10. When my grandfather is angry, he glares at us.

5 Sujets de composition ou de conversation: Développez les sujets suivants comme devoir écrit ou exposé oral. Choisissez des locutions idiomatiques qui se rapportent au sujet et employez-les à propos. (Le professeur précisera si les locutions familières sont autorisées ou non.)

1. Croyez-vous qu'il soit normal que l'homme plutôt que la femme soit invariablement le chef de la famille? Devrait-il y avoir des exceptions? Dans quels cas?
2. Ne vaut-il pas mieux que la femme mariée se consacre entièrement à sa famille même si elle doit abandonner sa propre carrière? Présentez votre point de vue.
3. Faites le portrait du mari idéal.
4. Pensez à un couple dans lequel le mari et la femme ont des caractères très différents. Comment ces différences se manifestent-elles dans leur vie à la maison?
5. A votre avis, quelles sortes d'obligations les parents peuvent-ils imposer à leurs enfants pour faciliter la vie de tous les jours à la maison?

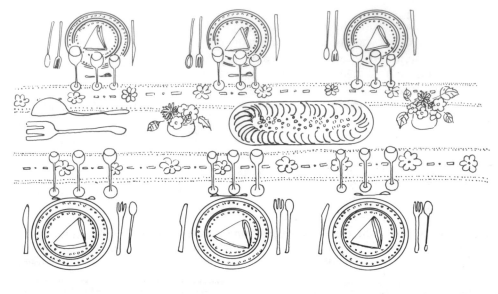

13 mettre les petits plats dans les grands

1. **se mettre à table**: s'asseoir à table pour manger *sit down at the table*
2. **si le cœur vous en dit**: si vous en avez le désir *if you feel like it*
3. **à la bonne franquette** (fam.): très simplement; sans grande préparation *family style*
4. **se mettre à son aise** *make oneself comfortable*
5. **sacrifier aux usages**: se conformer aux règles de la politesse ou de l'étiquette *stand on ceremony*
6. **avoir l'estomac dans les talons**: avoir très faim *be half-starved*
7. **prendre quelqu'un au mot**: accepter quelque chose aussitôt qu'on le propose *take someone up on something*
8. **se mettre en frais (pour)**: dépenser plus d'argent que d'habitude et faire plus d'efforts pour une occasion *put oneself out (for)*
9. **avoir un estomac d'autruche**: manger beaucoup et tout digérer *have an iron stomach*
10. **avoir un bon coup de fourchette**: avoir bon appétit et bien manger *be a good eater*
11. **faire à la fortune du pot**: faire un repas simple, sans cérémonie *take potluck*
12. **être collet monté** (loc. invar.): être affecté; avoir trop de dignité *be stiff-necked, straightlaced*
13. **mettre les petits plats dans les grands** (fam.): servir un repas bien cuisiné pour impressionner les invités *put on a big spread*

12 Manger et boire

Les Repas   Chez soi   Au restaurant Au café

«Bonsoir, Marc. Quelle bonne surprise! Nous allions **nous mettre à table; si le cœur vous en dit**, restez dîner avec nous. On fera **à la bonne franquette** (fam.).[1]

Mettez-vous à votre aise. Nous sommes entre amis; il n'est pas nécessaire de **sacrifier aux usages**.»

Après une dure journée de travail, Marc **avait l'estomac dans les talons°**. L'invitation tombait bien: il a **pris** ses amis **au mot** et a **fort°** bien mangé.

Il est inutile de **se mettre en frais** pour mon oncle. Il n'est pas difficile, il mange n'importe quoi et il **a un estomac d'autruche°**.

Il est toujours agréable d'avoir mon père à déjeuner. Sans avoir un gros appétit, il **a un bon coup de fourchette** et il aime bien **faire à la fortune du pot**.

Nos cousins, au contraire, **sont collet monté**. Pour les recevoir, il faut toujours **mettre les petits plats dans les grands** (fam.).

lit. *heels /* *very*

ostrich

---

[1] Le mot **franquette**, apparenté à **franchement** dans le sens de «sans cérémonie», ne s'emploie que dans cette locution.

123

14. **avoir une faim de loup**: avoir très faim; être affamé *be as hungry as a bear*

15. **manger comme un ogre**: manger énormément *eat enough for an army*

16. Cf. **manger comme quatre** *eat like a horse* (colloq.)

17. **convoquer le ban et l'arrière-ban**: inviter la totalité d'un groupe de personnes cf. *get the whole clan together*

18. **faire faux bond**: ici, ne pas venir quand on a été invité *fail to turn up*; *not show up*

19. **(arriver) à pic** (fam.): juste au bon moment *in the nick of time*

20. **un souper aux chandelles** *a candlelight dinner*

21. **être des nôtres**: être du nombre des invités Par exemple: Soyez des nôtres *Join us*

22. **avoir quelqu'un sur le dos** (fam.): avoir la charge de s'occuper de quelqu'un, ici, de le nourrir *be saddled with someone*

23. **un cordon bleu**: une personne qui fait très bien la cuisine *a great cook*

24. **avoir un appétit d'oiseau**: manger très peu *eat like a bird*

25. **se serrer la ceinture** (fam.): ici, se priver de manger autant que l'on voudrait cf. *tighten one's belt*

26. **ne rien avoir à se mettre sous la dent**: ne rien avoir à manger *be out of food*

27. **à la va-vite** (fam.): en se dépêchant *in a rush*; *in a hurry*

28. **manger sur le pouce** (fam.): manger rapidement et pas très bien *grab a bite*; *eat on the run*

29. **Ce n'est pas mon fort** (fam.): ici, C'est quelque chose que je n'aime pas cf. *It's not my cup of tea*

30. **faire un extra**: faire quelque chose qui n'est pas habituel, ici, un très bon repas; ici, *give oneself a treat*

31. **faire un bon gueuleton** (fam.): faire un bon repas, souvent avec des amis *have a big feed* (informal)

32. **avoir un goût de revenez-y** (fam.): se dit de quelque chose de bon qui donne envie d'en manger davantage *taste like more*

33. **manger tout son soûl**: manger autant que l'on veut *eat one's fill*

34 **manger à la carte** *order à la carte*

35. **avoir les yeux plus gros que le ventre** (fam.): vouloir manger plus que l'on ne peut *have eyes bigger than one's stomach*

36. **une fine bouche**: une personne qui n'aime que la bonne nourriture *a gourmet*

37. **ne pas avoir la reconnaissance du ventre** (fam.): oublier facilement qu'on vous a offert un bon repas

38. **faire ripaille** (fam.): bien manger et en grande quantité *have a feast*

39. Cf. **faire bombance** (fam.) *have a feast*

40. **C'est le coup de fusil** (fam.): Les prix sont exorbitants cf. *It's highway robbery*

Mon fils **a une faim de loup** quand il arrive de l'école. C'est un enfant qui a l'habitude de **manger comme un ogre**.

Pour l'anniversaire de ma fille, nous avions **convoqué le ban et l'arrière-ban**[2] de la famille. Seule, ma grand-mère, malade, nous a **fait faux bond°**.

bounce

Vous **arrivez à pic**; ce soir nous donnons **un souper aux chandelles**. Je vous en prie, **soyez des nôtres**.

Nous avons **eu** des invités° **sur le dos** (fam.) pendant toute une semaine. Tous les compliments qu'ils ont faits sur les repas me confirment que ma femme est **un** vrai **cordon° bleu**.

guests

lit. *ribbon*

Yvonne **a un appétit d'oiseau**, et comme elle ne sait pas cuisiner, son pauvre mari **se serre la ceinture** (fam.).

Comme nous partions en voyage, j'avais vidé le réfrigérateur et nous **n'avions rien à nous mettre sous la dent**. Pour ne pas manquer le train, nous avons mangé **à la va-vite** (fam.) au buffet de la gare.
Moi, j'aime prendre mon temps quand je fais un repas. **Manger sur le pouce°** (fam.), **ce n'est pas mon fort** (fam.).

thumb

Mon mari et moi aimons bien **faire un extra** de temps en temps, **un bon gueuleton** (fam.) dans un restaurant chic.
Hier soir, comme dessert, on nous a servi une tarte aux pommes qui **avait un goût de revenez-y** (fam.). Impossible de la finir: nous avions **mangé tout notre soûl°**.
Nous n'aimons pas nous contenter du menu du jour. Parfois, quand nous **mangeons à la carte**, il faut bien reconnaître que nous **avons les yeux plus gros que le ventre°** (fam.).

fill

belly

Je m'en souviendrai de ces gens-là! Ce sont de **fines bouches**. On les invite à dîner et ils **n'ont** même **pas la reconnaissance du ventre** (fam.).
Comme je savais qu'ils aimaient **faire ripaille** (fam.),[3] je les avais amenés dans un grand restaurant où, quand j'ai vu l'addition, je me suis rendu compte que **c'était le coup de fusil** (fam.).

---

[2] Du temps des rois, le ban était constitué des vassaux directs, tels que les ducs et les comtes, qui étaient convoqués pour le service militaire. L'arrière-ban comprenait aussi les vassaux indirects du roi.
[3] **Ripaille** était le nom d'un château suisse où, au 16ème siècle, on faisait des repas excessivement copieux.

41. **un maître queux**: un maître cuisinier *a master chef*

42. **se lécher les babines** (fam.): montrer le plaisir que l'on a à manger quelque chose de bon *lick one's lips*

43. **faire venir l'eau à la bouche**: donner envie de manger de quelque chose de bon; être très appétissant *make one's mouth water*

44. **avoir le ventre creux** (fam.): ne pas avoir mangé; avoir faim *have an empty stomach*

45. **dîner par cœur** (fam.): manquer un repas *go without eating*

46. **s'ouvrir l'appétit**: se donner de l'appétit *build up an appetite*

47. **graisser la patte à quelqu'un**: lui donner de l'argent pour obtenir une faveur *grease someone's palm*

48. **Il y en a pour une dent creuse** (fam.): C'est un très petit repas; C'est insuffisant cf. *It could fill a thimble*

49. **faire bonne chère**: manger de la nourriture abondante et de bonne qualité

50. **lever le coude** (fam.): avoir tendance à boire abondamment *be given to drink*

51. **boire comme un trou**: boire presque sans limite *drink like a fish*

52. **être dans les vignes du seigneur**: avoir beaucoup trop bu; être ivre *be three sheets to the wind* (informal)

53. **boire jusqu'à plus soif**: boire excessivement

54. **avoir le vin gai**: être joyeux quand on a trop bu

55. **(bien) tenir le vin**: pouvoir boire beaucoup sans être ivre *hold one's liquor (well)*

56. **être un peu parti** (fam.): avoir un peu trop bu *be tipsy*

57. **un boit sans soif**: un homme qui a l'habitude de beaucoup boire *a heavy drinker*

58. **baptiser le vin**: mettre de l'eau dans le vin *water down the wine*

59. **s'adonner à la boisson**: devenir alcoolique *take to drink*

60. **être entre deux vins**: être un peu gris; avoir un peu trop bu *be tipsy*

Dans le nouveau restaurant qui vient de s'ouvrir en ville, il y a **un maître queux**[4] extraordinaire. On **s'y lèche les babines**° (fam.).   *lips*

Quand on me parle des fameuses sauces que l'on y sert, ça me **fait venir l'eau à la bouche**.

Si nous **avons le ventre creux**° (fam.) aujourd'hui, c'est que nous   *hollow* avons voyagé sans arrêt. Hier soir, nous avons **dîné par cœur** (fam.).

Les Français vous diront qu'ils prennent l'apéritif pour **s'ouvrir l'appétit**.

Je ne comprends pas pourquoi il y avait tant de monde dans ce restaurant. Nous avons dû **graisser la patte**° au garçon pour avoir une   *lit. paw* table. Puis, quand on nous a servis, **il y en avait pour une dent creuse** (fam.).

Il est vrai qu'en France on aime les joyeux **convives**°, ceux qui   *guests* **font bonne chère**[5] et qui **lèvent bien le coude**° (fam.).   lit. *elbow*

Jacques est un gentil garçon. C'est dommage qu'il **boive comme un trou**.° Hier soir encore, il **était dans les vignes**° du seigneur.   lit. *hole /*
                                                                             vineyards
Au café, il a **bu jusqu'à plus soif**. Heureusement qu'il **a le vin gai**: il a bien amusé la compagnie.

Moi, je **tiens bien le vin**, mais je reconnais qu'après une heure ou deux j'**étais un peu parti** (fam.).

Ce vieux bonhomme est **un boit sans soif**, mais sa femme a trouvé un bon moyen d'y remédier: elle **baptise le vin** avant les repas.

Depuis son divorce, Henri passe ses soirées au café et **s'adonne à la boisson**. Même au travail, il donne toujours l'impression **d'être entre deux vins**.

---

[4] Le mot **queux** n'existe aujourd'hui que dans cette expression. Il était employé au Moyen Age dans le sens de «cuisinier».

[5] A son origine latine (*cara*), le mot **chère** voulait dire «visage». Il a pris ensuite le sens de «bienvenue» et reste aujourd'hui, dans le sens de «repas», dans quelques expressions seulement.

Exercices

1 Complétez les phrases suivantes, selon le sens, en employant les locutions qui figurent dans la colonne de droite. Mettez chaque locution donnée à l'infinitif à la forme qui convient.

MODÈLE: 1. Dans un restaurant, si l'on choisit ses plats sur une longue liste proposée, on **mange à la carte**.

2. Lorsqu'un plat est bien préparé, appétissant, très agréable à manger, il _____.

3. Mon ami devait venir souper avec nous. Nous l'avons attendu vainement; il _____.

4. Nous désirions inviter toute la famille. Nous avons donc _____.

5. Mon petit garçon me donne du souci. Il ne mange presque rien: il _____.

6. Toutes ces préparations de desserts dont vous parlez semblent délicieuses. Vous m'en _____.

7. Nous avions bien mangé, mais aussi tellement bu de vin et d'alcool que plusieurs d'entre nous _____.

8. J'aime les restaurants où l'on sert des liquides de choix, naturels, où l'on ne se permet pas de _____.

9. Quand on se passe la langue sur les lèvres après avoir dégusté un plat particulièrement savoureux, on _____.

10. Je reconnais que lorsque la cuisine me plaît, je mange bien, presque trop: j'ai _____.

11. Mais selon les maisons où l'on se trouve, il faut _____, c'est-à-dire, garder une certaine réserve.

12. Dans certains restaurants, _____: on paye les choses le double de leur valeur.

a) faire faux bond

b) avoir un appétit d'oiseau

c) être dans les vignes du seigneur

d) avoir un goût de revenez-y

e) baptiser le vin

f) avoir un bon coup de fourchette

g) manger à la carte

h) convoquer le ban et l'arrière-ban

i) faire venir l'eau à la bouche

j) c'est le coup de fusil

k) sacrifier aux usages

l) se lécher les babines

2 Complétez chaque phrase en donnant la forme correcte de la locution idiomatique suggérée.

1. Pour recevoir à dîner des personnes que l'on veut traiter particulièrement bien, on *met* _____. (fam.)

2. Inversement, si ce sont des amis intimes, on les reçoit de façon très simple, *à la* _____. (fam.)

3. Certains enfants croient souvent, et à tort, qu'ils vont manger une grande quantité; ils *ont les yeux* _____. (fam.)

4. Hier soir, nous nous sommes réunis avec quatre compagnons de travail dans un restaurant et nous avons *fait* _____. (fam.)

5. Mon directeur boit du whisky sans arrêt. Il a tort de *s'adonner* _____.
6. Nous avions emporté des sandwiches pour ne pas nous arrêter en route; nous avons *mangé* _____. (fam.)
7. Mais nous avions emporté plusieurs bouteilles que nous avons finies. Nous *étions entre* _____ en arrivant.
8. Dans certains établissements, si on veut être bien servi, il faut *graisser* _____ au garçon.
9. Mon beau-frère a un appétit extraordinaire; il *a un estomac* _____.
10. Moi aussi, je mange beaucoup, et j'aime bien de temps en temps *faire* _____. (fam.)

3 Répondez à chaque question par une phrase qui contiendra une locution idiomatique; notez «fam.» si la locution employée est familière.

MODÈLE: Que dit-on de quelqu'un qui est un remarquable cuisinier?
C'est un maître queux.

Que dit-on de quelqu'un qui
1. absorbe de très grosses quantités de nourriture?
2. dépense beaucoup d'argent pour bien recevoir quelqu'un?
3. n'aime que les plats très bien préparés, les aliments de choix?
4. a très faim parce qu'il est resté trop longtemps sans manger?
5. parce qu'il avait trop de travail, n'a pas eu le temps d'aller dîner?
6. a absorbé toute la nourriture qu'il pouvait?
7. parle et rit beaucoup lorsqu'il a un peu trop bu?
8. boit beaucoup, beaucoup trop, par habitude plus que par plaisir?
9. ne peut pas manger assez pour satisfaire son appétit?
10. fait avec goût de la bonne cuisine familiale?

4 Traduisez en employant une locution idiomatique dans chaque phrase. (Notez que la mention «fam.» indique que la locution demandée appartient au style familier.)

1. The children arrived in the nick of time; we were going to leave without them. (fam.)
2. Our friends invited us to spend a week at the beach; we took them up on it.
3. I'll have to do my homework in a hurry if I'm going to the movies tonight. (fam.)
4. If he doesn't eat lunch, he'll be as hungry as a bear at dinner time.
5. Anyway, he always seems to have an empty stomach. (fam.)
6. Robert drinks a lot; fortunately he holds his liquor well.
7. Why don't we accept their invitation to dinner and take pot luck?
8. Many Frenchmen like to have a feast; that gives them an opportunity to eat a lot. (fam.)
9. We were about to sit down at the table when the telephone rang.
10. She was tipsy after drinking a glass of champagne. (fam.)

5 Sujets de composition ou de conversation : Développez les sujets suivants comme devoir écrit ou exposé oral. Choisissez des locutions idiomatiques qui se rapportent au sujet et employez-les à propos. (Le professeur précisera si les locutions familières sont autorisées ou non.)

1. Il est l'heure de dîner et vous alliez faire un repas simple. Des amis viennent vous rendre visite par surprise. Les invitez-vous à se joindre à vous ou non ? Comment avez-vous mangé ?
2. Vous habitez à deux dans un appartement. Préférez-vous prendre vos repas chez vous ou au restaurant ? Pourquoi ?
3. Décrivez un grand dîner que votre famille a fait un jour de fête dans un restaurant de luxe.
4. Comparez deux personnes : l'une qui a un gros appétit et qui ne pense qu'à manger, l'autre qui ne mange que pour se nourrir et fait souvent de petits repas rapides.
5. Plusieurs de vos amis ou parents ont tendance à trop boire. Racontez quelques épisodes.

36 dormir à poings fermés

1. **être fort comme un Turc** (fam.): être très fort, plein de vigueur *be as strong as an ox*
2. **dormir comme un loir**: très bien dormir *sleep like a baby*
3. **faire le tour du cadran**: dormir douze heures de suite *sleep around the clock*
4. **faire la grasse matinée**: dormir tard le matin *sleep late*
5. **avoir une petite santé** (fam.): être fragile; avoir une santé délicate
6. **être pâle comme la mort**: être extrêmement pâle *be as pale as a ghost*
7. **en voir trente-six chandelles**: avoir la vue troublée; avoir le vertige après avoir reçu un coup *see stars*
8. **être sans connaissance**: être évanoui *be unconscious*
9. **bien se tenir à table**: manger beaucoup *be a big eater*
10. **être gras comme un moine** (se dit des hommes): être très gros *be as fat as a pig* (colloq.)
11. **prendre du ventre**: grossir au niveau de l'estomac et de l'intestin *get paunchy*
12. **réduire quelqu'un à la portion congrue** (fam.): lui donner une quantité de nourriture juste suffisante

13 La Santé

Bonne santé Maladie Médecins

André est grand et bien musclé. Il **est fort comme un Turc** (fam.):
il mange bien et **dort comme un loir°**.

Il n'est pas rare qu'il **fasse le tour du cadran°** après une journée
de sports. Il aime **faire la grasse matinée,** même s'il manque ses
classes du matin.

Son frère, au contraire, **a une petite santé** (fam.). Il n'a pas
grand appétit et s'il se fatigue trop, il **est pâle comme la mort.**

Hier, en jouant avec ses camarades, il a reçu un coup sur la
tête. Il **en a vu trente-six chandelles;**[1] pendant quelques minutes il
était sans connaissance.

Il y avait plus de dix ans que je n'avais pas vu mon ancien
camarade de chambre. Il **se tient bien à table** et est devenu **gras comme
un moine°.**

Il commence à **prendre du ventre°.** Sa femme m'a dit qu'il
mangeait trop et qu'elle allait le **réduire à la portion congrue°** (fam.).

lit. dormouse
face of a clock

monk
paunch
adequate

---

[1] On emploie souvent **trente-six** en français dans des locutions ou en conversation pour indiquer
un grand nombre indéfini de toutes sortes de choses ou de personnes. Par exemple: «Des
amis comme Paul, je n'en ai pas trente-six.»

13. **Il tombe sous le sens**: Il est logique et évident *It stands to reason*

14. **élever un enfant dans du coton**: entourer un enfant de soins excessifs cf. *overprotect a child*

15. **respirer la santé**: être en parfaite santé *be the picture of health*

16. **ne pas tenir en place**: être toujours en mouvement *not be able to stay put*

17. **être rouge comme un coq**: être très rouge *be as red as a beet*

18. **avoir une fièvre de cheval** (fam.): avoir une fièvre très élevée *be burning with fever*

19. **être blanc comme un linge**: être très pâle *be as white as a sheet*

20. **jeter le manche après la cognée** (fam.): abandonner l'espoir; se décourager lit. *throw the handle after the hatchet*

21. **tomber dans les pommes** (fam.): perdre connaissance; s'évanouir *go out like a light*

22. **Cf. se trouver mal** *faint*

23. **être à plat**: être très fatigué; ne pas être en bonne forme *be run down* (colloq.)

24. **être bien en chair**: ne pas être maigre; être un peu gras *be pleasingly plump*

25. **garder sa ligne**: n'être ni trop gros ni trop maigre *keep one's figure*

26. **à des heures sans nom**: très tard dans la nuit *at an ungodly hour*

27. **brûler la chandelle par les deux bouts**: ici, abuser de sa santé *burn the candle at both ends*

28. **fumer comme un pompier**: fumer à l'excès *smoke like a chimney*

29. **reprendre du poil de la bête**: redevenir maître de sa santé cf. *pull through*

30. **tenir le coup** (fam.): ici, résister à une maladie *hold out*; *hold one's own*

31. **un remède de cheval**: un médicament très fort et énergique *a horse remedy*

32. **revenir de loin**: guérir d'une grave maladie *come back from death's door*

33. **être encore de ce monde**: être toujours en vie *be still in the land of the living*

34. **passer sur le billard** (fam.): subir une opération chirurgicale *go under the knife* (colloq.)

35. **couper bras et jambes à quelqu'un**: le fatiguer beaucoup; lui enlever tous les moyens d'action *wear someone out*

36. **dormir à poings fermés**: dormir très solidement *sleep like a log*

37. **se remettre sur pied**: retrouver sa santé *get back on one's feet*

38. **être dans l'air**: se dit d'une maladie qui se communique rapidement *go around*

39. **parler du nez** *speak through one's nose*

40. **avoir les jambes en coton**: se sentir les jambes faibles *be out on one's feet*; *be weak in the knees*

41. **Il y a du mieux**: La santé commence à revenir *There is a change for the better*

42. **être frais et dispos**: être en bonne santé et en bonne forme *be hale and hearty, fresh as a daisy*

Il tombe sous le sens que d'**élever un enfant dans du coton**, c'est lui préparer une santé trop délicate.

Notre petit garçon **respire° la santé**. Il est si actif qu'il fatigue sa mère: il **ne tient pas en place**.

lit. respirer
breathe

L'hiver dernier, il est tombé malade. Pendant une semaine il **était rouge comme un coq** et **avait une fièvre de cheval** (fam.).

Quelques jours plus tard, il **était blanc comme un linge°**. Nous avions vraiment peur de le perdre. Le médecin nous a rassurés et nous a dit de ne pas **jeter le manche après la cognée** (fam.).

lit. linen

La première fois qu'il s'est levé, il **est tombé dans les pommes** (fam.). Le pauvre enfant **est** encore **à plat°** après un mois de convalescence.

flat

Catherine **est bien en chair°**. Elle envisage de suivre un **régime°** car elle veut absolument **garder sa ligne**.

flesh / diet

Il y a des années que cet homme se débauche; il se couche souvent **à des heures sans nom**. Il **brûle la chandelle par les deux bouts** et le regrettera un jour.

Son médecin l'a **prévenu°** que sa maladie était chronique et que s'il ne cessait pas de **fumer comme un pompier°**, il ne réussirait pas à **reprendre du poil° de la bête**.

prévenir warn
lit. fireman
lit. hair

Le mois dernier, il a été hospitalisé. Ses amis se demandaient s'il allait **tenir le coup** (fam.). Le **remède de cheval** qu'on lui a administré lui a fait du bien.

Il **revient de loin**. C'est grâce au dévouement de son médecin qu'il **est encore de ce monde**.

Quand on vient de **passer sur le billard** (fam.),[2] le moindre effort vous **coupe bras et jambes**.

Dormir à poings° fermés, manger abondamment sont les meilleurs moyens de **se remettre sur pied**.

lit. fists

La **grippe°** **est dans l'air** ces temps-ci. Mon fils a dû l'attraper: il **parle du nez** et il dit qu'il **a les jambes en coton**.

influenza

C'est un garçon plein de force. D'ici deux ou trois jours, **il y aura du mieux**, et le week-end prochain il **sera frais et dispos** comme d'habitude.

---

[2] On compare ici une table de billard à une table d'opération dans un hôpital.

43. **être aux cent coups** (fam.): être très inquiet, très soucieux *be beside oneself with worry*
44. **passer la nuit blanche**: ne pas dormir de toute la nuit *not sleep a wink*
45. **passer l'arme à gauche** (fam.): mourir *give up the ghost*
46. **perdre la raison**: devenir fou *lose one's mind*
47. **tomber en enfance** *be in one's second childhood*
48. **être mal en point**: être en mauvaise santé *be in bad shape*
49. **être droit comme un *i***: être très droit; ne pas être courbé *be as straight as an arrow*
50. **faire de vieux os**: avoir une longue vie *live to a ripe old age*

Ma mère **est aux cent coups** (fam.). Elle a **passé la nuit blanche à** veiller° mon père. Il était en si mauvais état qu'elle a cru qu'il allait **passer l'arme à gauche** (fam.).[3]   *watch over*

Il manquait de cohérence. Allait-il **perdre la raison**? Toute la famille craignait qu'il ne **tombe en enfance**.

En définitive, il **était mal en point**, mais malgré son âge avancé, il **est droit comme un** *i* et encore fort. Le docteur est convaincu qu'il va guérir° et qu'il **fera de vieux os**°.   *get cured / bones*

---

[3] Locution d'origine militaire: un soldat qui tient son fusil (*gun*) à gauche est au repos. En action, il tient son fusil à droite.

Exercices

1 Complétez les phrases suivantes, selon le sens, en employant les locutions qui figurent dans la colonne de droite. Mettez chaque locution donnée à l'infinitif à la forme qui convient.

MODÈLE: 1. Raymond avait couru pour arriver plus vite; il était essoufflé et **rouge comme un coq.**

2. Le dimanche ma femme aime bien se lever vers onze heures; elle _____.
3. Bien dormir et bien manger sont d'excellentes choses; le, matin, on (est) _____.
4. Mais il ne faut exagérer ni dans un sens ni dans l'autre, si l'on veut _____.
5. Mon beau-frère mange beaucoup. Il pèse cent kilos; il _____.
6. Il semble qu'il _____, mais il a tendance à l'obésité.
7. Paulette est souvent malade malgré toutes les précautions qu'elle prend: elle _____.
8. Hier encore, dans son jardin, elle a eu une faiblesse et elle _____.
9. Son mari, lui, est un homme en pleine santé, très vigoureux; il _____.
10. Il _____ que si l'on ne veut pas être trop gros, il ne faut pas manger en quantité.

a) garder sa ligne
b) respirer la santé
c) faire la grasse matinée
d) être rouge comme un coq
e) avoir une petite santé
f) être frais et dispos
g) être gras comme un moine
h) tomber dans les pommes
i) tomber sous le sens
j) être fort comme un Turc

2 Complétez chaque phrase en donnant la forme correcte de la locution idiomatique suggérée.

1. Un enfant dont on surveille la santé de très près, avec exagération est *un enfant élevé* _____ _____.

2. Cette marche rapide, sans s'arrêter, sans même le temps de boire un verre d'eau, m'a *coupé* _____.

3. Involontairement, mon frère m'a fait tomber dans l'escalier; *j'en ai vu* _____.
4. Dans ce petit hôpital, la nourriture n'était pas abondante; on *était réduit* _____ _____. (fam.)
5. J'ai un appendice fragile. Le docteur m'a dit qu'à la prochaine crise, il faudrait *passer* _____. (fam.)
6. Une opération fatigue beaucoup et affaiblit le malade. Parfais il *est pâle* _____ _____.

7. Une bonne nourriture, un grand repos, du fortifiant sont ensuite indispensables pour *se remettre* _____.
8. Nous avons veillé toute la nuit pour écouter les nouvelles des astronautes; nous avons *passé la* _____.

3 Répondez à chaque question par une phrase qui contiendra une locution idiomatique; notez «fam.» si la locution employée est familière.

MODÈLE: Que dit-on de quelqu'un qui a une légère tendance à grossir?
Il est bien en chair.

Que dit-on de quelqu'un qui
1. ne sait plus ce qu'il fait, n'a plus ses idées?
2. se lève, s'assied, se relève, bouge sans arrêt?
3. mange avec appétit et se sert abondamment?
4. marche d'une allure décidée en se tenant très droit?
5. dort de huit heures du soir à huit heures du matin?
6. parle d'une voix nasillarde?
7. a une très forte température au cours d'une maladie?
8. allume une cigarette après l'autre toute la journée?

4 Traduisez en employant une locution idiomatique dans chaque phrase. (Notez que la mention «fam.» indique que la locution demandée appartient au style familier.)

1. My little brother hasn't come home yet. My mother is beside herself with worry. (fam.)
2. Sylvia is not very strong; she catches any illness that's going around.
3. The old man was unconscious for five hours after the accident.
4. The doctor was afraid that he wouldn't be able to hold his own. (fam.)
5. However, the next day there was a change for the better.

6. Two days later, he was doing very well; at night he slept like a baby.
7. After his long illness, the farmer was run down.
8. During the winter he had been in bad shape for a month or two.

5 Sujets de composition ou de conversation: Développez les sujets suivants comme devoir écrit ou exposé oral. Choisissez des locutions idiomatiques qui se rapportent au sujet et employez-les à propos. (Le professeur précisera si les locutions familières sont autorisées ou non.)

1. Décrivez un jeune homme qui mène une vie active et qui se porte très bien. Comment maintient-il sa santé?
2. Une jeune fille a la manie de beaucoup trop manger. Elle se trouve trop grosse et se met à suivre un régime si strict qu'elle se rend malade. Que devrait-elle faire?
3. L'hiver dernier une de vos amies a été malade. Quels symptômes avait-elle? Qu'avez-vous fait pour l'aider à se soigner?
4. Votre grand-père (ou grand-mère) a été gravement malade et a dû être hospitalisé. Pendant un certain temps sa vie était en danger. Racontez comment sa santé s'est améliorée et il est enfin guéri.

37 être heureux comme un poisson dans l'eau

1. **prendre la vie du bon côté**: ne regarder que les aspects agréables de la vie *look on the bright side*
2. **rire à gorge déployée**: rire très fort, sans restrainte *roar with laughter*
3. **donner libre cours (à quelque chose)**: ne pas s'imposer de limite *give free rein (to something)*
4. **se tordre de rire**: rire violemment *shake with laughter*
5. **s'en moquer comme de l'an quarante**: ne pas s'en soucier, comme d'une chose qui n'est pas à craindre *not give a hoot* (informal)
6. **être né sous une bonne étoile**: avoir une destinée heureuse; avoir de la chance dans la vie *be born under a lucky star*
7. **mener une vie de château**: vivre à l'aise et dans le luxe *live like a king*
8. **passer du bon temps**: bien s'amuser *have a good time*
9. **rire aux larmes**: rire au point que l'on pleure *laugh oneself sick*
10. **s'en donner à cœur joie**: s'amuser au maximum cf. *indulge oneself to one's heart's content*
11. **se mettre au diapason**: se mettre en harmonie avec les autres *chime in* (*with the group*)
12. **faire les cent pas**: se promener; aller et venir *walk up and down*
13. **bavarder comme une pie**: parler sans arrêt d'une chose ou d'une autre *talk like a magpie*
14. **être mauvaise langue**: dire sur les autres des choses qui ne sont pas flatteuses *have a sharp tongue*
15. **se payer la tête de quelqu'un**: se moquer de lui pour s'amuser *make fun of someone*

14 Joies et plaisirs

Joie de vivre   Plaisirs   Amusements

Philippe **prend la vie du bon côté**. Il fréquente un groupe d'amis qui ne cherchent que des occasions de **rire à gorge déployée**.

En société il **donne libre cours** à sa fantaisie. Il éprouve un plaisir tout particulier à voir ses amis **se tordre° de rire**.   se... lit. *writhe*

S'il a de la malchance, il **s'en moque comme de l'an quarante**.[1]

Il **est né sous une bonne étoile°**: un physique agréable, une grosse   *star*
fortune; il **mène une vie de château** depuis son enfance.

Nous l'invitons souvent, car avec lui on **passe du bon temps**. Hier soir encore, il nous a fait **rire aux larmes**.

Pendant tout le dîner nous **nous en sommes donnés à cœur joie**. Même mon oncle, assez froid de nature, **s'était mis au diapason°**.   lit. *tuning fork*

Chacun prend son plaisir où il le trouve. Madame Duchemin, elle, va **faire les cent pas** dans la rue après le dîner. Elle y retrouve toujours quelque amie avec qui elle **bavarde comme une pie°**.   *magpie*

Elle **est** un peu **mauvaise langue**, il n'y a pas de doute. Elle aime bien **se payer la tête** des gens du voisinage.

---

[1] Allusion aux royalistes de la fin du 18ème siècle qui étaient sûrs que la République ne durerait pas longtemps, donc, que l'an quarante n'arriverait pas.

16. **faire monter la moutarde au nez à quelqu'un**: le faire mettre en colère *get someone's dander up* (colloq.)

17. **ne pas prendre des gants**: ici, dire la vérité sans hésiter; ici, *talk straight from the shoulder*

18. **prendre quelqu'un à l'improviste**: le surprendre *take someone unawares*

19. **aller droit au but**: parler sans détour *get straight to the point*

20. **faire patte douce à quelqu'un**: se montrer aimable, ici, pour se faire pardonner *butter someone up* (informal)

21. **crier à tue-tête**: crier très fort *shout at the top of one's lungs*

22. **rire aux éclats**: rire très fort *burst out laughing*

23. **faire le singe**: faire des grimaces ou des clowneries pour amuser les autres *act the fool*

24. **rire comme un bossu** (fam.): rire très fort, sans restrainte *be in stitches* (colloq.)

25. **voir tout en rose**: tout voir d'une façon optimiste *look at everything through rose-colored glasses*

26. **aller faire la fête**: ici, aller se donner du bon temps *go and have fun*

27. **un pilier de cabaret** (fam.): une personne habituée à fréquenter les cabarets

28. **prendre un verre**: boire quelque chose; prendre une boisson *have a drink*

29. Cf. **boire un pot** (fam.) *take a nip*

30. **être aux anges**: être extrêmement joyeux *be in seventh heaven*

31. **faire des farces**: faire des plaisanteries pour faire rire *play jokes*

32. **mettre quelqu'un en boîte** (fam.): se moquer de lui par esprit de plaisanterie *pull someone's leg* (informal)

33. **se tenir les côtes de rire**: rire très fort pendant un bon moment *split one's sides with laughter*

34. **un boute-en-train**: une personne joyeuse qui a le talent d'amuser la compagnie cf. *the life of the party*

35. **faire bande à part**: ne pas se joindre à un groupe; éviter la compagnie des autres *keep to oneself*

36. **une tête de Turc**: une personne qui est la victime des plaisanteries de tout le monde *the butt* (*of jokes*)

37. **être heureux comme un poisson dans l'eau**: être très heureux, tout à fait à son aise *be as happy as a lark*

38. **jouer des coudes**: pousser les gens pour pouvoir passer, ici, pour entrer dans une salle *elbow one's way* (*in*)

39. **en chair et en os** (fam.): en personne et non en image *in the flesh*

40. **s'ennuyer à cent sous de l'heure** (fam.): n'avoir rien à faire et trouver le temps long *be bored to tears*

41. **entrer dans la peau de ses personnages**: jouer un rôle à la perfection *live one's parts*

42. **gagner gros**: être très bien payé *make a bundle* (informal)

43. **avoir le feu sacré**: avoir un zèle très vif, beaucoup d'ardeur et d'enthousiasme cf. *have one's heart in it*

44. **monter sur les planches**: jouer des rôles au théâtre *tread the boards*; *go on the stage*

L'autre jour, notre voisin a appris qu'elle avait mal parlé de lui. Ça lui a **fait monter la moutarde au nez**. Il est allé chez elle lui dire ce qu'il pensait et il **n'a pas pris des gants**°.   *gloves*

Il l'a **prise à l'improviste** alors qu'elle préparait son dîner. Il est **allé droit au but**° ; après avoir échangé quelques paroles, elle a **fait patte**° **douce** et l'a invité à dîner.   *goal*
        lit. paw

Quand il faut se lever très tôt le matin, on ne peut pas permettre à ses enfants de **crier à tue-tête** et de **rire aux éclats**° jusqu'à trois heures du matin.   *bursts*

Mon petit garçon a un **parrain**° idéal. Quand il vient le voir le dimanche, il **fait le singe** pour le plaisir de le voir **rire comme un bossu**° (fam.).   *godfather*
        lit. hunchback

Optimiste de nature, il **voit tout en rose**. Une fois son travail terminé, il ne pense qu'à **aller faire la fête**.

On pourrait dire que c'est **un pilier de cabaret** (fam.). En réalité, s'il y va, c'est pour **prendre un verre** et passer un moment avec ses amis.

Il a l'esprit un peu moqueur : il **est aux anges** lorsqu'il peut **faire des farces** aux dépens d'un camarade.

Il comprend parfaitement la plaisanterie. Si on le **met en boîte** (fam.), c'est lui qui, à son tour, **se tient les côtes de rire**.

Bernard, lui, n'est pas **un boute-en-train** comme les autres. Ces temps-ci, il essaye de **faire bande à part**. Le fait est qu'il a eu l'impression qu'on le prenait pour **une tête de Turc**.

Mon père n'aime pas sortir. Il **est heureux comme un poisson dans l'eau** quand il peut voir un bon film à la **télé**° (fam.). Ainsi, il n'a pas besoin de **jouer des coudes**° pour avoir une place dans un cinéma.   *TV*
        elbows

Moi, je préfère aller au théâtre pour voir les acteurs **en chair et en os** (fam.). Mais hier soir, j'étais fatigué et je **m'ennuyais à cent sous de l'heure** (fam.).

J'ai donc regardé la télévision, moi aussi. A la première **chaîne**°, on jouait une excellente comédie avec Lily Durand. C'est une actrice qui sait parfaitement **entrer dans la peau de ses personnages**. Elle doit **gagner gros** pour les rôles difficiles qu'elle joue.   *channel*

Elle a dû **avoir le feu sacré** quand elle était jeune. J'ai entendu dire qu'elle avait étudié pendant plus de dix ans avant de réussir à **monter sur les planches**.

Exercices

1 Complétez les phrases suivantes, selon le sens, en employant les locutions qui figurent dans la colonne de droite. Mettez chaque locution donnée à l'infinitif à la forme qui convient.

MODÈLE : 1. Ce comédien a l'art de raconter des histoires très amusantes. Son public **rit aux larmes**.

2. Quand vous rencontrez des amis à l'heure de l'apéritif, ils vous invitent souvent à aller _____ .

3. Jean-Paul ne s'était pas bien tenu à table. Après le dîner, sa mère n'a pas élevé la voix, mais elle _____ pour le réprimander.

4. Je n'avais vu cet acteur que dans des films. Hier soir, au théâtre, j'ai pu le voir _____ pour la première fois.

5. Il faut vraiment qu'il _____ pour accepter de jouer des rôles qui demandent tant de préparation.

6. Si je n'ai pas bien entendu ce que vous disiez au téléphone, c'est que les enfants _____ .

7 Daniel est gai de nature, toujours en mouvement. Il ne pense qu'à _____ pour faire rire ses camarades.

8. Son frère aussi est très drôle. Quand ils jouent chez eux avec leurs amis, ils _____ .

9. André a un joyeux caractère. Il ne se laisse jamais abattre par les difficultés : il _____ .

10. Installé au centre de la ville et ayant une riche clientèle, cet avocat doit _____ .

a) en chair et en os
b) voir tout en rose
c) avoir le feu sacré
d) crier à tue-tête
e) rire aux larmes
f) prendre un verre
g) gagner gros
h) faire le singe
i) s'en donner à cœur joie
j) ne pas prendre des gants

2 Complétez chaque phrase en donnant la forme correcte de la locution idiomatique suggérée.

1. Il a plu toute la journée. Nous n'avons pas pu sortir ; nous *nous sommes ennuyés* _____ _____ . (fam.)

2. Ces histoires étaient si amusantes qu'en les lisant, j'ai *ri comme* _____ . (fam.)

3. Quoi qu'on lui dise, il n'écoute pas parce qu'il *s'en moque comme* _____ .

4. Jacques a employé des mots grossiers : il a *fait* _____ à son père.

5. Cette pièce était si comique que les spectateurs *se tenaient* _____ .

6. Voilà un homme qui réussit en tout, qui ne manque jamais de rien : il *est né* _____ _____ .

7. Au début, cet étudiant ne riait jamais. Après quelques semaines, il *s'est mis* _____ _____ .

8. Il était habillé de façon si ridicule que quand il est entré, tout le monde *s'est tordu* _____ _____ .

3 Répondez à chaque question par une phrase qui contiendra une locution idiomatique; notez «fam.» si la locution employée est familière.

MODÈLE : Que dit-on de quelqu'un qui est très heureux ?
Il est heureux comme un poisson dans l'eau.

Que dit-on de quelqu'un qui
1. parle tout le temps?
2. ne voit que les bonnes choses dans la vie?
3. est plus gentil que d'habitude parce qu'il veut obtenir une faveur?
4. est l'objet des moqueries des autres personnes?
5. a un talent d'acteur exceptionnel?
6. passe son temps à boire dans les cabarets?
7. a l'art de mettre de la gaieté dans une soirée?
8. fait ses débuts comme acteur de théâtre?

4 Traduisez en employant une locution idiomatique dans chaque phrase.

1. The little boy burst out laughing when he saw my new hat.
2. There were so many people at the theater last night that we had to elbow our way in.
3. John lives like a king; his family is very rich.
4. Why talk about other things? Let's get straight to the point.
5. This young man doesn't seem to like company. He prefers to keep to himself.
6. She was in seventh heaven when she learned that she had won a trip to Paris.
7. The beginning of the play was not very funny, but at the end we were roaring with laughter.
8. If she didn't have a sharp tongue, she wouldn't have said that.

5 Sujets de composition ou de conversation: Développez les sujets suivants comme devoir écrit ou exposé oral. Choisissez des locutions idiomatiques qui se rapportent au sujet et employez-les à propos. (Le professeur précisera si les locutions familières sont autorisées ou non.)

1. Vous connaissez certainement quelqu'un qui a un caractère très gai et qui a l'art de faire rire ses amis. Comment y réussit-il?
2. Qu'est-ce que vous aimez faire quand vous avez des loisirs? N'avez-vous pas plusieurs amusements favoris? Lesquels?
3. Racontez une soirée pendant laquelle tout le monde s'est bien amusé. Avez-vous bien ri? De quoi?
4. Vous avez reçu des amis chez vous un dimanche. Tout se serait bien passé si l'un des invités ne s'était pas conduit de façon désagréable. Comment avez-vous fait pour l'empêcher d'ennuyer la compagnie?

28 se jeter dans la gueule du loup

1. **voir du même œil que quelqu'un** : avoir les mêmes vues, les mêmes attitudes *see eye to eye with someone*
2. **être vieux jeu** : ne pas être moderne dans ses idées, dans ses goûts *be old-fashioned*
3. **tenir la route** : se dit d'une automobile solide qui roule bien dans la direction que lui donne le conducteur *handle well*; *hug the road*
4. **rouler pleins gaz** (fam.) : conduire très vite *go like the wind* (colloq.); *drive full throttle*
5. **marcher à pas de tortue** : conduire très lentement *crawl along*
6. **marcher comme un bolide** : conduire à une très grande vitesse *go like a streak of lightning* (colloq.); *drive like a demon* (colloq.)
7. **avoir une peur bleue** : avoir une très grande peur *be scared to death* (colloq.)
8. **passer un bon savon à quelqu'un** (fam.) : le réprimander sévèrement *rake someone over the coals*
9. **rouler à tombeau ouvert** : conduire si vite que l'on risque un accident mortel *drive at breakneck speed*
10. **avoir une patience d'ange** : être très patient *have the patience of Job*
11. **passer la main dans le dos de quelqu'un** : lui parler gentiment; le flatter pour obtenir une faveur *soft-soap someone* (colloq.)
12. **ne pas tourner rond** : ne pas fonctionner normalement *be out of kilter*
13. **mettre en route** : faire partir une voiture *start up* (*the engine*)

146

15 L'Automobile

Véhicules Conduite Circulation

Quand il s'agit de voitures, M. Mosset ne **voit** pas les choses **du même œil** que son fils Jean: le père **est** un peu **vieux jeu°**; il aime les voitures classiques à condition qu'elles **tiennent bien la route**. — *lit. game*

Jean, lui, préfère les voitures sport pour pouvoir **rouler pleins gaz** (fam.). Il déteste **marcher à pas de tortue°** comme le fait son père quelquefois. — *turtle*

La dernière fois qu'ils sont sortis ensemble, Jean a **marché comme un bolide°**. Son père **avait une peur bleue**. — *meteor*

Quand ils sont arrivés chez eux, le père a **passé un bon savon°** (fam.) à son fils. Il lui a dit qu'il avait **roulé à tombeau° ouvert**. — *lit. soap* / *grave*

Ma mère **a une patience d'ange** pour conduire ses enfants en ville chaque fois qu'ils veulent sortir. Il y a longtemps qu'elle **passe la main dans le dos** de mon père pour avoir une deuxième voiture.

Nous avons acheté une voiture d'**occasion°**, mais en peu de temps nous avons remarqué que le moteur **ne tournait pas rond**. Ce matin, nous n'avons pas pu **mettre en route**. — *second-hand*

14. **mettre (une voiture) en état de marche**: la réparer pour qu'elle fonctionne bien *put (a car) in working order*

15. **Le jeu n'en vaut pas la chandelle**: L'entreprise n'est pas avantageuse; La chose n'en vaut pas la peine

16. **mener quelqu'un à la baguette**: le traiter rigoureusement, avec sévérité *be a hard taskmaster*

17. **tenir sa droite** *keep to the right*

18. **avoir le compas dans l'œil** (fam.): juger à vue d'œil et avec précision *have a keen eye*

19. **faire une fausse manœuvre** cf. *make a wrong move*

20. **un as du volant**: une personne qui conduit extrêmement bien *an ace driver; a first-rate driver*

21. **ne pas arriver à la cheville à quelqu'un**: être de beaucoup moins bon que lui *not be able to hold a candle to someone*

22. **être libre comme l'air**: avoir toute liberté *be as free as the wind*

23. **un papa gâteau** (fam.): un père qui gâte ses enfants, qui est très généreux pour eux cf. *a doting father*

24. **mettre les gaz**: augmenter la vitesse en appuyant sur l'accélérateur *step on the gas*

25. **un virage en épingle à cheveux** *a hairpin curve*

26. **rire jaune**: rire faussement, de quelque chose qui n'est pas amusant *give a hollow laugh*

27. **un casse-cou**: ici, un conducteur qui prend des risques excessifs *a daredevil* (colloq.)

28. **se jeter dans la gueule du loup**: s'exposer à un danger évident *put one's head in the lion's mouth*

29. **perdre le nord** (fam.): ici, perdre le sens de la direction de son véhicule *lose one's bearings*

30. **une route en lacets**: une route pleine de courbes, de zigzags *a winding road*

31. **se faire fort de faire quelque chose**: déclarer qu'on est capable de le faire

32. **d'une seule traite**: sans s'arrêter *at a stretch*

33. **mettre quelqu'un au défi de faire quelque chose**: exprimer son doute qu'il est capable de le faire et l'engager à essayer *dare someone to do something*

34. **tirer à pile ou face**: lancer en l'air une pièce de monnaie et prendre une décision selon le côté sur lequel elle tombe *flip a coin*

35. **ne pas savoir s'y prendre**: ne pas savoir comment faire quelque chose *not know how to go about something*

36. **être dans les nuages**: ne pas faire attention; ne pas penser à ce que l'on fait *have one's head in the clouds*

37. **une rue à sens unique**: une rue où les véhicules ne peuvent rouler que dans une direction *a one-way street*

38. **faire fausse route**: ici, prendre la mauvaise route par erreur *go the wrong way*

39. **rebrousser chemin**: s'en retourner en direction invers *turn back*

40. **en cours de route**: pendant le voyage *on the way*

41. **faire le plein d'essence**: mettre de l'essence dans le réservoir d'une voiture *gas up* (informal)

Le mécanicien nous a dit qu'il y aurait beaucoup de réparations à faire pour la **mettre en état de marche**. Nous allons nous en débarrasser°: **le jeu n'en vaut pas la chandelle.**[1]

se débarrasser de get rid of

Madeleine a appris à conduire dans une auto-école avec un moniteur° qui l'a **menée à la baguette°**. Même sur les petites routes, elle se fait un devoir de bien **tenir sa droite**.

instructor / rod

Elle **a le compas dans l'œil** (fam.). Il est rare qu'elle **fasse une fausse manœuvre**. Elle réussit toujours à garer° sa voiture dans un espace juste assez grand.

park

C'est **un as du volant°**. Malgré ma grande habitude, je reconnais que je **ne** lui **arrive pas à la cheville°**.

steering wheel
ankle

Julien vient juste d'obtenir son permis° de conduire. Il va **être libre comme l'air**: il a **un papa gâteau** (fam.) qui vient de lui acheter une auto pour ses sorties.

license

L'autre soir, il s'amusait à raconter à son père comment il avait **mis les gaz** en montagne dans **des virages en épingle° à cheveux**.

pin

Le père **riait jaune**. Il a dit à son fils que c'était **un casse-cou**, qu'en roulant ainsi il **se jetait dans la gueule° du loup°**.

mouth / wolf

Tout conducteur prudent° sait très bien qu'on risque de **perdre le nord** (fam.) en allant trop vite sur **des routes en lacets**.

cautious

Mon neveu **se fait fort** de rouler en voiture pendant douze heures **d'une seule traite°**. J'en doute un peu; je l'ai **mis au défi** de le faire en ma présence.

stretch

Il ne pense qu'à changer d'auto tous les trois mois. Dernièrement, il a trouvé deux vieilles voitures qui lui plaisaient. Il a **tiré à pile° ou face°** et a pris la Peugeot. Déjà, elle ne marche plus; il faudrait y faire des réparations et lui **ne sait pas s'y prendre**.

tails / heads

Ce chauffeur de taxi devait **être dans les nuages**. Il roulait à toute vitesse, et, une fois, il n'a même pas vu qu'il s'était engagé dans° **une rue à sens unique**.

s'engager dans enter

Comme dans ce pays il n'y a presque pas de poteaux indicateurs°, nous avons **fait fausse route** et avons dû **rebrousser° chemin**.

poteaux... road signs / retrace

Heureusement, nous avons pensé à nous arrêter **en cours de route** pour **faire le plein d'essence**. Dans notre petit village le poste d'essence était fermé.

---

[1] Au 14ème siècle, les chandelles étaient des objets de luxe dont on se servait comme éclairage. Il fallait donc qu'un jeu ait assez d'intérêt pour justifier la valeur d'une chandelle.

42. **tomber en panne d'essence**: ne plus avoir d'essence *run out of gas*
43. **aller à fond de train**: rouler à toute vitesse *go at full speed*
44. **mourir sur le coup**: mourir sur les lieux d'un accident *die on the spot*
45. **passer comme une flèche**: passer très rapidement *go by like a shot*; *whiz by*
46. **l'échapper belle**: passer très près d'un danger *have a narrow escape*
47. **avoir plus de peur que de mal** *be more frightened than hurt*

Tout le monde ne sait pas qu'il est répréhensible de **tomber en panne d'essence** sur certaines autoroutes.

J'ai lu dans le journal qu'il y a eu un grave accident sur la route de Paris. Les deux véhicules **allaient à fond de train**. Trois des passagers ont été blessés°, deux autres **sont morts sur le coup**.
Le même jour, mon fils et ses camarades ont aussi eu un accident. Un camion° qui **passait comme une flèche°** a légèrement heurté l'aile° arrière de leur voiture. Ils **l'ont échappé belle!**[2] Personne n'a été blessé. En somme, ils ont **eu plus de peur que de mal.**

injured

truck / lit. arrow
fender

[2] Dans cette expression le participe passé **échappé** reste invariable.

Exercices

1 Complétez les phrases suivantes, selon le sens, en employant les locutions qui figurent dans la colonne de droite. Mettez chaque locution donnée à l'infinitif à la forme qui convient.

MODÈLE: 1.   Ce jeune homme est inexpérimenté; il conduit dangereusement. C'est **un casse-cou.**

2. La batterie de ma voiture doit être déchargée. Il est impossible de _____.
3. Au début d'une course d'automobiles, les pilotes _____ _____ rapidement pour essayer d'être en tête.
4. Pour arriver au sommet de la montagne, il faut prendre _____ _____.
5. Nous _____. Nous avons dû demander à quelqu'un de nous indiquer la bonne direction.
6. Sur cette ligne droite, on peut se permettre de faire de la vitesse: on peut _____.
7. Dans cet accident notre véhicule a été démoli mais il n'y a pas eu de blessés. Nous l'avons _____.
8. Nous _____ parce que la voiture qui a pris feu aurait pu exploser.
9. Il est parfois préférable d'acheter une voiture neuve que de garder une vieille auto et de la faire _____.
10. Pressé comme il l'était, il ne s'est pas arrêté pour manger; il a fait tout le voyage _____.

a) une route en lacets
b) l'échapper belle
c) marcher comme un bolide
d) mettre en route
e) d'une seule traite
f) avoir une peur bleue
g) faire fausse route
h) un casse-cou
i) mettre en état de marche
j) mettre les gaz

2 Complétez chaque phrase en donnant la forme correcte de la locution idiomatique suggérée.

1. Si le véhicule a quitté la route, c'est sans doute parce que le conducteur a *fait* _____ _____.

2. Dans l'accident, le choc a été si violent que le chauffeur *est mort* _____.
3. En conduisant à une vitesse folle sur de mauvaises routes, il *s'est jeté* _____.
4. On m'a proposé d'échanger ma Renault contre une Citroën. J'ai décidé que *le jeu n'en* _____.

5. Il est dangereux d'*aller à fond* _____ si la route n'est pas libre.
6. Ce pilote de course est loin d'être aussi expert que le champion du monde: il *ne lui arrive* _____.

7. Les deux frères voulaient conduire. Ils ont *tiré à* _____ pour savoir qui prendrait le volant le premier.
8. Je voudrais bien une motocyclette. Si je *passe* _____ de mon père, il m'en achètera peut-être une.

3 Répondez à chaque question par une phrase qui contiendra une locution idiomatique; notez «fam.» si la locution employée est familière.

MODÈLE: Que dit-on d'un père qui fait des cadeaux magnifiques à ses enfants?
C'est un papa gâteau. (fam.)

Que dit-on de quelqu'un qui
1. tourne pour repartir dans la direction opposée?
2. va à une vitesse si dangereuse qu'un grave accident est probable?
3. est un excellent conducteur?
4. ne peut plus avancer parce qu'il n'a plus d'essence dans sa voiture?
5. ne roule qu'à une vitesse très réduite?
6. sait juger avec précision la distance qui le sépare d'une autre voiture?
7. est très calme et ne s'énerve jamais?
8. se fâche et donne une leçon sévère à un adolescent?

4 Traduisez en employant une locution idiomatique dans chaque phrase. (Notez que la mention «fam.» indique que la locution demandée appartient au style familier.)

1. I could not see who was driving the black car that whizzed by.
2. You scare me when you go like the wind. You're driving a car, not an airplane! (fam.)
3. You always seem to have your head in the clouds when you're driving.
4. If you don't pay attention, you'll lose your bearings! (fam.)
5. I'm not pleased with this car. The engine may be out of kilter.
6. My sister Helen is only eighteen years old, but sometimes she is old-fashioned.
7. When I told her how I drove the family car, she gave a hollow laugh.
8. When I am twenty-one, I'll be as free as the wind. I'll have my own car.

5 Sujets de composition ou de conversation: Développez les sujets suivants comme devoir écrit ou exposé oral. Choisissez des locutions idiomatiques qui se rapportent au sujet et employez-les à propos. (Le professeur précisera si les locutions familières sont autorisées ou non.)

1. Racontez un long voyage en voiture que vous avez fait récemment.
2. Comparez deux conducteurs que vous connaissez bien. Quel est le meilleur et pourquoi?
3. Décrivez un accident qui vous est arrivé ou que vous avez vu.
4. Faites le portrait d'un conducteur qui aime la vitesse. Quels risques court-il?

Index

All idioms included in the text are listed in the index. The number of entries for each idiom varies from one to four, depending upon the number of key words it contains. For example, **couper l'herbe sous les pieds de quelqu'un** will be found under **couper, herbe,** and **pied.** Most nouns, verbs, adjectives, and adverbs have been regarded as key words. Nouns are entered in the singular, adjectives in the masculine singular, and verbs in the infinitive. Because of their auxiliary nature, the verbs **avoir, être, faire,** and **mettre** have not been regarded as key words. **Faire bonne chère,** for instance, is indexed only under **bon** and **chère.** In all idioms **quelque chose** is abbreviated as **qqch.** and **quelqu'un** as **qqn.**

Following each entry are three numbers: the first, in boldface type, refers to the chapter in which the idiom appears; the next is the number of the idiom within that chapter; and the last, in italics, is the page number.

bayer
   bayer aux corneilles **3**: 21, *24*
beau
   Ça me fait une belle jambe **9**: 48, *100*;
   Il fait la pluie et le beau temps **10**: 28, *106*;
   l'échapper belle **15**: 46, *150*;
   parler de la pluie et du beau temps **10**: 28, *106*;
   un beau brin de fille **1**: 33, *4*
beauté
   se faire une beauté **1**: 51, *6*
bec
   avoir une prise de bec avec qqn **5**: 25, *54*;
   clouer le bec à qqn **5**: 70, *58*;
   tomber sur un bec **5**: 49, *56*
béguin
   avoir le béguin pour qqn **6**: 46, *68*
bercer (se)
   se bercer d'illusions **3**: 52, *30*
besogne
   mâcher la besogne à qqn **3**: 18, *24*
besoin
   être dans le besoin **8**: 42, *90*
bête
   C'est sa bête noire **3**: 88, *32*;
   chercher la petite bête **3**: 42, *26*;
   être bête à manger du foin **3**: 47, *26*;
   reprendre du poil de la bête **13**: 29, *134*
bien
   avoir la langue bien pendue **5**: 44, *56*;
   bien se tenir à table **13**: 9, *132*;
   être bien **1**: 46, *4*;
   être bien en chair **13**: 24, *134*;
   être bien en selle **9**: 5, *96*;
   une boutique bien achalan-

dée **7**: 14, *76*
bile
   s'échauffer la bile **5**: 31, *54*;
   se faire de la bile **8**: 15, *88*
billard
   passer sur le billard **13**: 34, *134*
blanc
   donner carte blanche à qqn **10**: 30, *106*;
   être blanc comme un linge **13**: 19, *134*;
   mettre qqch. noir sur blanc **4**: 53, *44*;
   passer la nuit blanche **13**: 44, *136*;
   se saigner à blanc **11**: 11, *112*
blé
   être blond comme les blés **1**: 48, *6*
bleu
   avoir une peur bleue **15**: 7, *146*;
   un cordon bleu **12**: 23, *124*
blond
   être blond comme les blés **1**: 48, *6*
bœuf
   mettre la charrue avant les bœufs **4**: 77, *46*
boire
   boire comme un trou **12**: 51, *126*;
   boire jusqu'à plus soif **12**: 53, *126*;
   boire un pot **14**: 29, *142*;
   boire une tasse **7**: 73, *80*;
   Ce n'est pas la mer à boire **3**: 16, *24*;
   en perdre le boire et le manger **8**: 4, *86*;
   Il y a à boire et à manger (dans) **7**: 64, *80*
bois
   être du bois dont on fait les flûtes **11**: 24, *114*;
   faire flèche de tout bois **5**: 39, *54*;

faire voir à qqn de quel bois on se chauffe **9**: 19, *98*
boisson
   s'adonner à la boisson **12**: 59, *126*
boit
   un boit sans soif **12**: 57, *126*
boîte
   mettre qqn en boîte **14**: 32, *142*
bolide
   marcher comme un bolide **15**: 6, *146*
bombance
   faire bombance **12**: 39, *124*
bon
   à la bonne franquette **12**: 3, *122*;
   A quoi bon... ? **8**: 43, *90*;
   avoir bon dos **11**: 23, *114*;
   avoir bon genre **1**: 32, *4*;
   avoir bon pied, bon œil **1**: 59, *6*;
   avoir bonne presse **4**: 5, *40*;
   avoir un air bon enfant **2**: 50, *14*;
   avoir un air bon vivant **1**: 40, *4*;
   avoir un bon coup de fourchette **12**: 10, *122*;
   (un contract) en bonne et due forme **9**: 18, *98*;
   en dépit du bon sens **3**: 8, *24*;
   être dans les bonnes graces de qqn **3**: 98, *34*;
   être en bonne voie **3**: 69, *30*;
   être né sous une bonne étoile **14**: 6, *140*;
   faire bon marché de qqch. **2**: 18, *12*;
   faire bonne chère **12**: 49, *126*;
   faire un bon queuleton **12**: 31, *124*;
   On lui donnerait le bon Dieu sans confession **1**: 37, *4*;
   passer du bon temps **14**: 8, *140*;

8: 16, *88*;

un mauvais coucheur **2**: 51, *14*;

un oiseau de mauvais augure **2**: 25, *12*;

une mauvaise passe à franchir **8**: 41, *88*

mea culpa
faire son mea culpa (de qqch.) **3**: 24, *24*

mèche
vendre la mèche **5**: 82, *58*

médaille
avoir un profil de médaille **1**: 7, *2*;

le revers de la médaille **7**: 53, *78*

mélange
un bonheur sans mélange **6**: 75, *70*

mêler
Il faut que le diable s'en mêle **8**: 21, *88*

mémoire
avoir la mémoire courte **2**: 15, *12*;

rafraîchir la mémoire à qqn **5**: 88, *58;*

se graver dans la mémoire **3**: 54, *30*

ménage
faire le ménage **11**: 45, *116*

mener
bien mener sa barque **10**: 7, *104*;

mener qqn à la baguette **15**: 16, *148*;

mener qqn tambour battant **11**: 35, *116*;

mener une vie de bâton de chaise **6**: 30, *66*;

mener une vie de château **14**: 7, *140*;

mener une vie de chien **8**: 33, *88*;

se laisser mener par le bout du nez **6**: 71, *88*

mentir
mentir comme on respire

2: 6, *10*;

mentir comme un arracheur de dents **2**: 5, *10*

menton
avoir le menton en galoche **1**: 1, *2*

mer
Ce n'est pas la mer à boire **3**: 16, *24*

merveille
promettre monts et merveilles à qqn **9**: 9, *96*

messe
faire des messes basses **5**: 3, *52*

mesure
au fur et à mesure que **8**: 5, *86*;

avoir deux poids, deux mesures **3**: 29, *24*;

donner sa mesure **4**: 17, *42*;

être en mesure de **3**: 89, *32*;

outre mesure **11**: 37, *116*

mesurer
mesurer (la portée de) ses paroles **5**: 2, *52*

meute
être poursuivi par une meute de créanciers **8**: 13, *86*

midi
(aller) chercher midi à quatorze heures **4**: 34, *42*

miel
la lune de miel **6**: 73, *70*

mieux
il y a du mieux **13**: 41, *134*

mi-figue
avoir un air (*ou* être) mi-figue, mi-raisin **2**: 39, *14*

mignon
être mignon à croquer **1**: 28, *4*

mille
gagner des milles et des cents **9**: 37, *98*

mi-raisin
avoir un air (*ou* être) mi-figue, mi-raisin **2**: 39, *14*

modérer

modérer ses expressions **5**: 28, *54*

mœurs
une fille de mœurs dissolues (*ou* de mauvaises mœurs) **6**: 27, *66*

moine
être gras comme un moine **13**: 10, *132*

monde
au bout du monde **7**: 66, *80*;

être encore de ce monde **13**: 33, *134*;

le monde littéraire **4**: 48, *44*;

se moquer du monde **7**: 41, *78*

monnaie
payer en monnaie de singe **10**: 22, *106*

mont
(être toujours) par monts et par vaux **7**: 2, *74*;

promettre monts et merveilles à qqn **9**: 9, *96*

monté
être collet monté **12**: 12, *122*

monter
faire monter la moutarde au nez à qqn **14**: 16, *142*;

monter sur les planches **14**: 44, *142*;

monter sur ses grands chevaux **2**: 83, *16*;

monter une cabale (contre qqn) **4**: 49, *44*

montrer
montrer le chemin **7**: 56, *80*

moquer (se)
se moquer du monde **7**: 41, *78*;

se moquer du tiers comme du quart **2**: 8, *10*;

s'en moquer comme de l'an quarante **4**: 5, *140*

moral
remonter le moral à qqn **8**: 39, *88*

mordre (se)
se mordre les doigts (de)